U0035153

秘魯僑教三十年見聞

作　者◉袁頌安
策劃主編◉財團法人興華文化交流發展基金會
世界華語文教育學會

百年華教的回顧與前瞻——出版華教叢書序言

華文教育是華人移民過程中建立起來的一個特殊的族裔語言文化教育體系，華文教育的發展過程也是華人社會一個具有廣泛文化意義的歷史進程。因此，研究華文教育是深入認識華人歷史文化的重要途徑。

華人在海外辦學的歷史很早，最早有文獻記載的是清康熙二十九年（一六九〇年）印尼巴城（巴達維亞，今之雅加達）的明誠書院，距今已有三百多年的歷史，但它與國內的私塾無異。

真正具有特殊歷史意義的華文教育體系，是在十九世紀末和二十世紀初華僑社會已融入西方教育理念，在一些規模較大的華埠建立了新式學堂，開啟了華文教育的新時代。這些學堂和私塾有明顯的不同，除了傳統的儒學，加入了大量的地理、物理、生物等科學新知，甚至有英語課程。可以日本橫濱的大同學校（一八九八年）、印尼中華會館學堂（一九〇一年）、馬來西亞檳城的中華學堂（一九〇四年）為代表。我們一般稱的華僑學校，都是現代華文教育的產物。一九〇五年清廷廢科舉、興學堂、派留學生，一連串的教育改革，已然落後華僑學校的發展。

清王朝的最後十年（一九〇一年－一九一一年）是現代華僑學校發展的第一波熱潮。東南亞的馬來亞有十餘所，而荷屬東印度各地中華學堂則發展到六十五所；北美的三藩市（大埠）、沙加緬度（二埠）、紐約、芝加哥、波特蘭、西雅圖及加拿大的溫哥華、維多利亞等地先後興建了大清僑民學堂；菲律賓、日本、朝鮮、安南、暹羅、緬甸等國也出現了一批以「中華」冠名的新式學堂。這些華僑學堂大都是在各地華僑會館（或單一族群僑團）的主持下創辦的，是一種有組織的自覺興學。學堂在民國成立後，大都改稱為學校，教學內容上，雖然也注重傳統倫理道德和尊孔思想，但更注重培養子弟適應社會生活所需的各種技能。各地中華學校開設的課程有國文、經濟、歷史、地理、修身、體操等科目，遠遠超出了傳統學塾的教學範圍。

辛亥革命後的十五年（一九一二年－一九二七年），雖然國內政治不安，但華僑社會仍充滿了迎接新時代的熱忱，展開第二波興學的熱潮。華僑學校逐漸普及於僑胞聚集的各個地區，包括城市和鄉村。北京的北洋政府也協助僑社興學，這段時期部分地區僑社組成了僑教組織，有系統的籌募經費、改善僑校的基礎設施，協調共同的課程等，是華文教育系統化發展時期。

民國十六年南京國民政府成立後到日本發動太平洋戰爭期間（一九二七年－一九四〇年），是第三波興學的熱潮，也是華僑學校僑教化的重要時期。這段時間，僑社普設華僑小學，更重要的是華僑中學日漸增多，僑教組織更加制度化。南京國民政府非常重視僑務，加強對華僑教育的管理。民國十七年（一九二八年）六月在大學院特設「華僑教育委員會」專門管理華僑教育事宜，制定《華僑學校立案條例》、《華僑小學暫行條例》、《華僑補習學校暫行條例》、《駐外華僑勸學員章程》、《華僑視學員章程》等法令，進一步規範了華僑教育的管理。次年（一九二九年）十一月，國民黨中央訓練部在國立暨南大學組織召開了第一次南洋華僑教育會議，通過了《華僑教育會議宣言》和二十五項決議案，各地僑校的管理者在會議中交流了華僑教育經驗，針對華僑教育發展中存在的問題和改進意見。[1] 教育部成立了「華僑教育設計委員會」，作為辦理華僑教育的諮詢機構，負責擬定改進華僑教育方案、調查華僑教育情況、計畫華僑教育經費及其它有關事項。民國二十年（一九三一年）秋，僑務委員會成立，下設僑民教育處，主管華僑教育的調查、立案、監督、指導等工作。在教育部和僑務委員會的聯合指導，以及各地僑教組織配合的共同努力下，華僑教育日趨完善，成為獨步全球的「僑民教育體系」。

華僑教育在母國政府的輔導下發展成僑民教育體系，有幾個重要規範：一、華僑學校使用國內統一的教材；二、課程標準化；三、國語教學的普及；四、校長從母國派任。從文化意義上而言，強化了海外華人的「華人性」（Chineseness），具體而言是：促成了各地華僑社會的橫向聯繫與一體化，提升了華人認同祖國的民族主義。伴隨著日本侵華日亟，也為動員華僑抗日打下了基礎。但也引發了一些負面效應，使得僑居地政府的警惕和不安，除了頒布各種法令

1 國立暨南大學南洋文化事業部編《南洋華僑教育會議報告》一九三〇年，第二十二頁。

限制華僑學校教學以外，或開設學校，吸引華僑子弟入學；或以津貼華僑學校控制辦學方向，同化、分化雙管齊下。也為戰後居住國獨立後全面限制華教的政策埋下了伏筆。

日本發動太平洋戰爭後，東南亞的華僑學校一度停擺了三年多（一九四二年－一九四五年），許多僑校被日本軍隊刻意佔用和破壞。日本戰敗投降，退出東南亞各國，中國國際地位提升，華僑社會展開了大規模的復校運動，並籌辦新學校。戰後二十年（一九四五年－一九六五年）是華僑教育的第四波熱潮，也是最高峰時期。然而，好景不長，由於國際冷戰，東南亞各國獨立，中國內戰以至分裂，僑社也分裂。一九六五年之後東南亞的僑民教育盛極而衰，只有馬來亞華社在馬來西亞獨立後因華人人口比例較高，幾位華教領袖如林連玉、沈慕羽等人的努力下，爭取華族的族裔語言受教權，保存了華校的體系，為了避免族群衝突，刻意自稱華族教育，不再以僑教自居。

在東南亞排華四起，華僑經濟和華僑教育遭受全面打擊之時，一九六七年中國大陸陷入文化大革命的混亂，視僑胞為外國人，把海外關係界定為「反動的政治關係」，僑務全面停頓，僑胞陷入內外交侵的困境。在這個艱困時期，在臺灣的僑務委員會仍努力協助尚存的華校，與大量招收華僑回國升學配合下，為「僑教」保留了出路。也因為戰後的國共內戰，東南亞還發展出兩個特殊的華教體系：一是泰北孤軍子弟的華僑學校，二是緬北臘戌地區的果文學校。此外，北美地區開放移民，大量從臺灣去的留學生為其子弟創造出一種週末上課的中文學校模式，可謂東邊關了一扇門，西邊打開另扇窗。馬來西亞、泰北、緬北的華校，北美的中文學校，僑生回國升學，為一九六〇年代之後的華文教育保存了命脈。

為了適應戰後的政局變化，華僑身份的改變，母語教學為主的僑校體系逐漸轉化為族裔語言教學的華教體系，華校逐漸轉型為開設華語課程的私立（民辦）學校，以華語為教學語言的全日制華校走入歷史。華教體系多元化發展，半日制、混合制、週末制、補習班等紛紛出現，華文教育的三教問題也因此變得複雜。難能可貴也令人欽佩的是，僑社之中仍然有為保持族裔語言文化而努力不懈的華教奮鬥者。

一九八〇年代大陸新移民遍布全球，華僑社會有了結構性的轉變。中國大陸經濟崛起和全球化的發展，華語熱甚囂塵上，兩岸政府積極投入資源，在高等教育中成立專業，培養華語教學人才。不論是大陸發展的「漢語國際教育」[2]，或臺灣推動的「對外華語教學」，都發現發展了百年的華文教育是中文國際化最重要的基礎。

華文教育是隨著華人移民發展的，一九九〇年代以後華文學校的模式和華文教育的內容，是以週末制中文學校為主流。二十一世紀華文教育的發展，則取決於華人新移民與居住國的主流教育體系互動下，將採取什麼樣的家庭語言政策（family language policy）為主。大陸和臺灣也都可以發揮影響力，大陸的整體國力將影響華語的國際地位、其對外關係會影響中華文化的國際傳播；臺灣的僑生升學制度（包括海青班）、海外臺灣學校的經營，也會為華文教育的永

[2] 大陸最初稱為「對外漢語教學」，後改稱「漢語國際教育」，二〇二〇年再改稱「全球中文教育」。

續經營提供寶貴的經驗。近年東南亞的華語成人補習班、三語學校和（有華語部的）國際學校發展；美國華人經營的課後班（after school），主流學校從二〇〇六年快速增加的沉浸式中文學校，是幾個重要的新趨勢。他們透露的訊息是：華文教育國際化、在地化勢所必然；華語的工具性增加，文化性淡出。

興華文教基金會在董鵬程先生主持時，就計畫出版系列研究華文教育的書籍，可惜壯志未酬。新董事會為完成其心願，邀集多位長期從事僑教的學者參與撰寫各地僑校的發展，期能保存華文教育的歷史，彰顯華人在海外傳承中華文化的偉大情懷。並鼓勵對華文教育深入研究，對華文教育的未來能有所啟發。

僑教向為僑務的核心工作，本人從臺北市政府到僑委會服務的期間，就全力投入第二處的僑教工作，足跡踏遍海外僑區，也推動包括緬甸、泰北的師培專案，臺商子弟教育即臺北學校的籌建，全球華文網路教育中心的建構，為九〇年代僑教數位化鋪設人才培育、學術研究及電腦軟硬體設備的基礎工程，期間本人廣泛接觸第一線以復興中華為己任的僑教領袖和僑校教師，深感僑教工程的重要和所有投注心力的參與者的偉大，這也是後來有機會回會擔任委員長後，特別延攬華語文專家擔任副委員長以及在最短時間內編印《學華語向前走》這套教材，希望為僑教奠定更紮穩基礎的努力。

凡走過必留下痕跡，是希望把所有僑教經驗都能順利完整的傳承，也期盼能鑑記僑教發展的全球軌跡。本人也要藉此套叢書的出版，向所有僑教前輩先進致敬，也要鼓勵更多的年輕新生社群一棒接一棒的努力下去，永續發展興華大業。本套叢書的出版要感謝基金會所有董事監事的全力支持，任弘兄和良民兄的協助，以及熱心人士的贊助，期望我們可以共同維護、傳承僑教的火苗。

興華文化教育發展基金會董事長　陳士魁

目次

壹、秘魯僑教一年

民國五十九年（一九七〇年）三月十五日離開臺北，到秘魯從事僑教工作已經整整一年。五十八年（一九六九年）八月看到中央日報上一則僑務委員會招考海外華文教師的新聞，許多朋友認為我很適合這個工作，都慫恿我報名應考。但是當知道只有二十個名額，而考試科目除了國文、中國史地、三民主義、教育概論、國語注音以外，還有粵語、外國語文（英、法、西三種語文任擇其一）也得口試。想想實在沒有多大把握。只因為這是件很有意義的工作，也是個闖闖世界的難得機會，何不盡力一試呢？經過三審五試之後，想不到在近三千位應徵的同伴中竟然僥倖被錄取了。

得到通知正是農曆除夕前兩天，爸媽除了忙年事，又得準備我的遠行，弄得家裡是忙亂一團。為了要趕秘魯僑校開學，兩個星期內就要辦妥出國手續，一切真是顯得太倉促。臨走，高信委員長與袁、何二位副委員長一再諄諄告誡：「此去是為僑胞服務，是做一個中國文化的播種者，不是做官。要接受我駐外使領館的輔導，更當力求與當地僑社僑胞和衷合作。」事實上我們二十個同伴，一年來人人兢兢業業，克盡厥職，生怕一有不慎，有辱國家所賦的使命和長官的期許。

三月十五日下午，臺北雖然下雨，僑委會李治華視察，醒吾商專、醒吾中學顧懷祖董事長、建東校長全家以及親友學生八十多位冒雨趕到松山機場送行。頸子上掛滿了他們送的花環，手上提的旅行袋，裝的也盡是他們送的禮物，現在想起來還是深感不安。途經東京、舊金山，各作兩天停留，十九日一早抵達秘京利馬。萬沒想到，來接機的除了中華三民聯校葉炳榮董事長、余劍鳴、黃亮傑兩位董事以及學生代表多人外，我駐秘劉宗翰大使，竟然也親自來迎。當時深深感覺，他們不只是在歡迎某個人的來臨，更是對政府海外華文教育推展這個政策的重視與支持，以及自然流露出的一種關切之情。馬上覺得肩上的擔子又沉重了許多。

聯校創建在民國十三年（一九二四年），雖然它是中南美洲最具歷史規模的一所僑校，但是也有一般僑校師資缺乏、經費拮据的共同困難。所以一到利馬，第二天就和使館丁占鰲領事，學校葉董事長以及各董事先生分頭向各地僑胞募款，作為聯校的教育基金。我們一組四人，遠到秘南衣架（伊卡，Ica）等地勸募，來回六百公里，沿途僑胞慷慨解囊，並對我們熱情招待。順道還到秘南名勝香水泉（瓦卡奇納，Huacachina .Ica）一遊。泉水呈紅褐色，據當地僑胞說有時也呈深綠色，水色時有變化，並謂該泉另有治病延年之功。

學校除了經費拮据之外，華文教育的推展也還有其他的很多困難。中三聯校是一所由幼稚園、小學到五年制中學三個部分組成的，學生合計五百二十多名，教師三十餘位，分中西文兩部分教學。我們中文部原有九位先生，由於兩位女同事赴美深造，這學期減為七人，秘魯僑胞雖多，但是願意從事教育的卻很少，師資缺乏成了各地僑校另一個嚴重問題。按照秘魯教育機構的規定，我們一週在中學只能有五個小時的中文課程，小學幼稚園也只有十二個小時。中文教學時數固然不足，同時在雙重學制下，學生疲於奔命，他們也就很難精神貫注地去學習。學校為遷就現實，能使學生順利升學起見，只要西文各科課程合格通過了，中文成績也就不便留難他們。因此一個中文還是二、三年級程度的學生，只要西文及格，就可以拿到畢業文憑。由於僑胞所處的外國環境，中文不能學以致用，難怪一些學生不重視中文。為生活奔忙的家長又沒有時間加以督促，難怪他們對中文抱著一種敷衍應付的學習態度了。初到秘魯看到這一切和國內迥然不同的情形，簡直是焦急萬分。曾在二百一十五期的僑務月報上提出一篇〈秘魯華文教學問題〉的報告，大聲疾呼，希望能改進這種現象。

一年後的今天，經過仔細觀察思考之後，回想當時的激動，何嘗不是過份囿於國內傳統的重視考試成績的固習。事實上僑教工作的推展，不可能一成不變地和國內學校看齊。我想僑教的真正目的是我們如何在海外播下中華文化的種籽，來促進文化的交流，使僑胞子弟能有接受祖國文化薰陶的機會，養成良好的品德，使他們都成為當地社會上的優秀公民。更祈使他們飲水思源，永懷祖國，使一些受到頹廢風氣或共產思想影響而日漸動盪不安的地區，能夠增加一份安定的力量。這就夠了，何必一定汲汲於課文講授多少，生字認得幾個呢？要達到這一目的，方法很多，又何必先乞靈於讀死書一途呢？

教育上潛移默化的功效最大，暗示啟發是最有力的方法。自從我們把旅秘僑胞為紀念　國父百年誕辰所鑄製的　國父銅像安置在校園內，四周種植上美麗的花草樹木之後，果然就引起了學生的注意。不時有小學生問：「這位先生是誰？他在花園做什麼？」告訴他，這就是書本上所說的偉大的　國父孫中山先生，無不恍然大悟，立即熱情的表示肅然起敬。

旅秘僑胞，有許多娶秘籍女子為妻，這樣的家庭，西班牙文是共同的家庭語言。僑胞只有在和中國親友一起的時候才用粵語交談。他們的子女到僑校上學之後，回家纏著告訴爸爸，學校的老師同學都說「爸爸話」，要爸爸快點教他，免得同學笑他是「鬼仔」。國歌教唱也是我們必修課程，我們有法子讓每個學生高聲地把國歌唱出來，但是歌詞的意義，對他們來說，實在是太難懂了。於是利用週會時間，向使館歐鴻鍊秘書借來五彩的國歌影片，一再地播映給他們看。銀幕上總統向軍民同胞揮手示意，同時打出了「咨爾多士」的字幕；看見工人在工廠工作，農人在田裡耕耘，又顯出了「夙夜匪懈」的字幕。對這兩句費解的歌詞，由於銀幕畫面上的生動描述，學生自然清楚明白印象深刻了。

每月《中華文化走廊》出版一次，學生無不被祖國壯麗山河富於人情風味的圖片所吸引。《國民生活須知》的示範，臺上臺下的同學，根本把它當做話劇來觀賞，大家都津津有味，樂此不疲。

民國五十九年（一九七〇年）秘魯震驚世界的大地震[3]，死難人數竟高達七萬五千之多之多，災民三百萬。所幸華僑集中的利馬市區只是虛驚一場而已。「人溺己溺，人飢己飢」是我

[3] 一九七〇年安卡什地震，又稱秘魯大地震（Great Peruvian Earthquake），發生於一九七〇年五月三十一日，是一次發生在海底的地震。這是有記錄以來，在秘魯歷史上最嚴重的特大自然災害。

們中國人的崇高美德。劉大使號召我旅秘全僑推己及人，捐輸賑災。這是一個行善助人的機會教育，中三聯校全體師生除了捐出秘幣四萬餘元（等於臺幣四萬元）外，還向各僑胞、家長勸募得兩大卡車實物，舉凡衣服、炊具、西藥、食品齊全。大家都全力以赴，盡一己之力，幫助災民。小學生手提背包，那種熱烈的鏡頭，實在令人感動。

秘魯文藝協會為了幫助精神病患者，舉行一次國際歌舞義演會，劉大使要求學校代表參加演出。為了國家以及僑胞的體面，我們積極籌備這次演出。袁媛、楊惠鴻兩位老師，費了兩個月的課餘時間，排練了一齣《中國採茶舞》。服裝、道具、布景一律簇新。參加這次慈善演出的，除了地主國秘魯之外，計有中、美、德、西、日、墨西哥、印度、蘇俄等十數個國家。我們的節目正好緊接著俄國老毛子的節目之後演出。當三十位服裝鮮艷，動作純熟，婀娜多姿的小美人一出場，就掌聲雷動。俄國六個女人拿著手帕搖搖擺擺的土風舞，真是黯然失色了。第二天秘魯報紙上的評語說：「中國人的日常生活，舉凡飲食、烹飪、衣著、服飾，無一不是藝術……所以中國餐館到處受人歡迎。看了他們的歌舞表演，更加深了我們這種認識和欽佩。」

秘魯一般的西文學校，都不甚重視學生的生活教育，對「道德教育」這個名詞更根本不知為何物。所以一些學校常規廢棄，正是共產思想滋長的溫床。舉例來說，有四百年歷史的聖馬可大學，一年難得有幾天是能夠安靜上課的，罷課示威，時有所聞，學校的桌椅設備也是難得完整，牆壁校園更是處處口號標語。秘魯一般有識之士，對這些親共學生的胡作非為，痛心疾首，目之為是一群失去理智的瘋子，但是對他們卻又無可奈何。所以我們對學生的道德教育、生活紀律，特別重視，披頭和嬉皮，絕對不可在學校立足，在校的學生，個個品行純良，循規蹈矩。七月二十八日是秘魯國慶，利馬各區舉行慶祝遊行，由於我們的學生平時訓練有素，步伐整齊劃一，又有一支由六十位同學組成的軍樂隊前導，先聲奪人，全場注目，終於得到了利馬市政府頒發的紀律優良的榮譽獎。中央社王允昌特派員，特地把這件令人興奮的消息報導回去，國內各大報都刊登了這則消息。

每屆畢業生為了增長見識，瞭解秘魯的風土人情，一定在畢業前舉行一次參觀旅行。民國五十九年（一九七〇年）畢業的「吳敬恆班」也不例外。為了更接近更瞭解學生，同時領略一番南美風光，和畢業生一起作了一次為期十二天，行程三千公里的秘北之遊。真是累壞人，但是此行的收穫可不小。回來之後寫了「吳敬恆班的畢業旅行」遊記一篇，投刊在中副上，把中三聯校以及秘國文物風光，介紹了一番。國內外的親友學生見報後，紛紛來信致意問候，這也是件意外的小收穫。

僑校學生當然是以收僑胞子弟為主。但是一些仰慕中華文化的外籍友人，也紛紛為其子女申請入學。只要在規定的限額內，我們儘量不使他們失望。因此，中三聯校的學生，除百分之八十的「唐人子弟」外，秘魯籍、日本籍、智利籍、阿根廷籍的學生全有。學生們的膚色黃、白、棕、黑都有，早晚升降旗放學排隊的時候，這些「小鬼仔」點綴在僑胞子弟間，看起來很有趣。這個學期由於中文師資欠缺，小學一年級的學生除採用甲、乙班輪流上課外，把外籍學生編成一班，減少中文課的時數，加多西文課程。結果引起外籍家長和學生的不滿，紛紛抗議，要求轉入中文班上課。結果原來三十個學生的中文班，暴增至五十六名之多，擔任中文課的甘桂蘭老師大呼吃不消。

國慶日、華僑節、總統華誕這十月三大慶典，是僑社的大事。劉大使每年都要召集一個籌備委員會，從事熱烈的慶祝活動。各僑團學校也都勤練節目，歌舞、國樂、國術、舞獅、舞龍，紛紛登場。去年的國慶活動，除了使館的盛大國慶酒會，通惠總局的全僑慶祝大會外，並有許多其他的特色。在十日一早八時整，由劉大使親臨學校，領導全體館員、各僑團、各會館代表舉行莊嚴隆重的升旗典禮。當國歌高唱，國旗冉冉上升時，大家都熱血沸騰，激動得熱淚盈眶，場面實在感人。晚上並由聯校師生主辦國慶聯歡大舞會，到會來賓多達一千有餘，真是盛況空前。十一日學校舉行成績展覽會、壁報比賽、遊園會，邀請各僑領、家長、外籍友人參觀，真是熱鬧極了。劉大使譽為是歷年秘魯僑界雙十國慶活動最多，也是情況最熱烈的一次。十月三大慶典籌備委員會主席李鈞江先生在　總統華誕的壽宴上，特地對學校師生的努力，公開表示最大的謝意。

轉眼耶誕節來臨，由於南北半球的季節氣候相反，天氣也一天熱似一天，暑假也就跟著開始了。每年一、二、三月是秘魯的盛夏，於是大家改變了冬天向南走曬太陽的消遣，紛往海灘，以消溽暑。事實上秘魯濱臨太平洋岸，風疾浪大，又是南極寒流所經，海水冰冷，就算是游泳健將也難一展身手。秘魯雖然人人都跑海灘，但是大多數還是去曬太陽，會游泳的人，百人之中不過一二而已。此地的小姐太太們，也以能曬成黑裡俏為美，認為如此才有益健康，和國內的女士們怕太陽曬黑的情況，大異其趣。

學校座落在利馬美連耶區，佔地一萬九千平方公尺，校舍整齊堂皇，花園草木扶疏。尤其在民國六十年（一九七一年），僑商伍時康先生獨捐一百萬元秘幣，增建二層大樓一棟，崔芝雄工程師捐建的中國宮殿式圓形幼稚園，分別落成啟用後，更是錦上添花。中國僑校應當有中國學校的特色，所以在民國六十年（一九七一年）暑假，我們大事加以整頓，廣植花樹草木，使校園具有中國庭園之勝；青天白日國旗，高懸半空，迎風招展，總統手訂的共同校訓「禮、義、廉、恥」四個大字，高掛在三樓最顯眼的地方；中學部白底藍字的德目訓條，「青年創造時代，時代考驗青年。」、「做人忠恕為本，成事力行為先。」、「好學達於智，力行達於仁，知恥達於勇」。小學部「人人孝順父母，個個敬愛師長。」、「快快樂樂讀書，誠誠懇懇做人。」這些國內學校視為當然的精神布置，在這兒可成了創作，很贏得僑胞們的讚賞，認為這些設計能加強學生國家民族的意識，同時可以產生潛移默化，敦品勵行的功效。

暑假學校空閒，是個推展僑教的機會，於是在已經有六十年歷史的僑報民醒日報上，刊登了一則招收暑期華文補習學生的啟事，結果二十四名學生報名參加。衣架（伊卡，Ica）僑領黃允昇昆仲見報後，特地親自到學校來，堅持邀一位先生到衣架（伊卡，Ica）去辦一個暑期中文補習班，讓那些平時不能受中文教育的僑胞子弟，也可以有一個學習的機會。這真是一個非常有意義的建議，所以民國六十年（一九七一年）暑假除了利馬校本部之外，在外省還成立了一個暑期分部，由黃一雲老師主持教務。三個月下來，僑胞反應良好，對暑期華文補習的成績，交相稱譽，同時還籲請明年續辦。

民國六十年（一九七一年）三月，妻子詹秀蘭，由臺北飛抵利馬，擇定三月三十一日在我駐秘大使館舉行婚禮，恭請劉大使福證。使館丁、歐、蔡三位秘書，中央社王允昌特派員，民醒日報吳振波總編輯五位先生全力籌劃幫忙，他們說常常吃僑胞的喜酒，難得有個自己好好熱鬧一下的機會。婚禮不按當地上教堂的習慣，完全照國內的儀式舉行，好讓僑胞見識一下。尤其難得的是蔡水諒秘書賢夫婦想盡了方法，做了二十頂紅緞金字的喜幛，最引人注目，僑胞特別欣賞，外籍朋友也不停地要我們解釋「百年好合」、「愛河永浴」……這些美麗的金字是什麼意思。這天大使官邸布置的花團錦簇，喜氣洋洋，門前更是車水馬龍，只發了一百來張請帖，來賓卻到了三百多位。僑胞一方面是來捧場，同時也好奇想看看「唐山」的婚禮到底是「點樣」情形。

我國駐秘魯大使劉宗翰先生是一位長者，在外交部上下無人不知無人不曉，素有「劉聖人」之稱。劉大使待人接物，誠信周全，已臻化境，忠心耿耿，愛國保僑，有口皆碑。一年來在劉大使的照拂指導下，真是如坐春風，如沐時雨。劉大使提攜後進更是不遺餘力。民國五十九年（一九七〇年）學期結束的時候，為了鼓勵我能更加努力僑教，特地以「表現優異」函請僑委會為我記功嘉獎。中三聯校校董會也於吳敬恆班同學的畢業典禮上頒發獎狀，酬謝我一年來主持中文部「從事興革籌劃的卓越貢獻」。這兩件鼓勵雖然使我感到很大的安慰，但是也更加重了對我鞭策的力量。

在秘魯一年的播種工作中，深深體會到鄭彥棻先生所說的：「無僑教即無僑務」這句名言的深遠意義。常常私忖，海外華文教師的派遣，非常重要，因為僑教工作關係我海外炎黃子孫本來面目是否得以保存延續，中華文化是否得以推廣發揚，這是民族的根本大計。所幸政府為應各地僑胞的需要，今後將派更多的華文教師往海外施教。深信海外華文教育，將因華文教師的充裕而蓬勃發展。

貳、秘魯華文教學的問題

民族是成立國家的主要因素，語文是團結民族的主要工具，語文不通，則民族散漫，民族散漫則國家衰弱。

語文更是文化的主要部分，不懂得中國語文，怎能領略中國文化的博奧優美？不瞭解中國語文，怎能欣賞中國文物的光輝燦爛？所以每個有中國血統的人，對中國語文的學習，應該是責無旁貸的。

我海外華人，無論其為華僑或是華裔，大都想其子弟學習中國語文，乃是絕對的事實。我們只須從世界各地設有千餘所華僑學校這件事來看，便是一個證明。但是由於環境不同，事實的限制，要海外僑生中文的程度，和國內看齊，卻有實際的困難。但是吾人當把中華文化的種籽散播在海外，促進文化的交流，使華人子弟接受中華文化的薰陶，使他們養成良好的品德，成為當地社會堂堂正正的公民，更祈使我眾多僑胞子弟不致忘懷祖國，也使一些受到頹廢風氣影響而日漸動盪不安的社會能增加一份安定的力量。但是就我們觀察所得，在秘魯推行華文教育，由於以下的一些原因，倍感困難。如何設法運用有效方法研究改進，進行教學，實是我們的責任。

（一）所處環境的困擾：

國內學生，在學校學的大都是華文課程，因此能精神貫注，腦力集中，出了學校，在家庭、在社會所處的同樣也是華文環境；聽的、讀的、講的都是華文、華語，不知不覺間助長華文的進步。但是秘魯僑胞子弟，出了學校，所接觸的、所應用的、幾乎全是西班牙文。環境如此，如何能助長學生的華文程度呢？而且旅秘華僑又有娶秘籍女子為妻的，其子女在學校習華文課程，回家說西語、寫西文，那連和家人練習的機會都沒有了，學習華文的困難豈不又更加深一層？

（二）僑校華文課程教學時數的不足：

為了適應現實的環境，秘魯僑校華文課程教學時數減少。以中華三民聯校為例，中學部一週總時數是四十小時，華文只有五小時，小學部一週總時數也是四十小時，華文只有十三小時。在雙重學制下受教育的學生，實有其苦衷；一時是西文課，照西文班編排上課，一時又中文課，又得照中文班上課，學生被弄得頭昏腦脹，尤其是小學生，簡直是疲於奔命。

他們怎能精神貫注腦力集中地上課呢？中學生更要學習英文，實在是疲憊不堪，無精打采；實際上也沒有多少時間，學校為了學生能升學起見，只要西文能及格通過，中文成績的好壞也就顧不得了。因此中文還在一、二年級的中學生，只要五年的西文課程及格了，就能拿到畢業文憑，學生對中文課程又怎會重視呢？

（三）學而不能致用：

學生是學習生活的，求學的目的和謀生立業有關，所以說學以致用。華文在秘魯應用不廣，除了唐人彼此之間偶而用用外，幾乎全用西班牙文，從實用的觀點來看，中文還不如英文呢！有些家長也就不重視子弟的華文教育了，學生對華文華語更加輕視了。學生不明瞭中國語文的可貴，學起來當然難免抱著一種敷衍塞責的態度，家長又不加督促，在這種情形下能有什麼好的教學效果呢！

（四）教材不適合：

對於僑生學習華文發生事倍而功半的不良影響：海外不比國內，而且目前的一些語文教材既多且又複雜，更不適合，學生吸收不了，學習興趣因此低落。我想良好的教材，第一要適合學生（僑生）的程度，按年級編排，內容不能過淺，以致學生學習時輕率，不加注意；也不能過深，學生吸收不了。第二要適合學生的興趣，太過生硬枯燥的東西，學生對之索然無味，不若選用比較適用有趣的教材。第三要適合學生生活環境。適合環境的教材，理解容易，進步當然快，學生學習的興趣自然也就高了。所以依愚見不若把有關倫理道德、民族意識、日常知識的教材，若史、地、公民、國文等各科，用生動的方法混合編排在一種教材內教學，比較切合適用。以上所說的四點是華文教學上的困難所在，所處環境的困擾。學而不能致用的問題限於事實，目前還無法改進，教學時數的不足是為了遷就現實的環境，一時也難設法解決。但是教育是百年之大計，更是一種良心的事業，我們從事僑教工作的同仁，焉能不盡力而為。雖處在目前這種國難僑艱的雙重困境之下，對華文教育的推展也絕不可鬆懈。所以，我們只有從教材的內容、教學的技術上研究改進，以推展華文教育。更當瞭解，沒有僑教，日後就沒有華僑了。這句話的意義，近來歐美各國均在積極地加強對中國語文的研究，我中華文化的可貴已漸為各邦人士所領略，我們身為炎黃子孫，更當奮發光大發揚優美博深的中華文化。

一、國語文教學

由於僑居地事實環境造成的諸多困難我們無法一一加以克服，只有在教材的內容和教學的方法上加以研究、改進，以期增加教學的效果。僑教課程中最重要的是國語文的教學，因此我們也就此範圍加以研討。

照中華民國教育部頒定的中小學國語科教學目標是：

小學：

（一）指導兒童熟練標準國語，養成發音正確、語調和諧流利的能力。

（二）指導兒童認識基本文字，欣賞兒童文學，有閱讀的習慣、興趣和理解迅速的能力。

（三）指導兒童運用語言文字，有發表情意的能力。

（四）指導兒童習寫文字，有書寫正確、迅速、整潔的習慣。

（五）指導兒童養成道德觀念，激發愛國思想，宏揚民族精神。

初中：

（一）養成用語體文及語言敘事、說理、表情達意的技能。
（二）養成閱讀書籍之習慣，與欣賞文藝之興趣。
（三）養成瞭解一般文言文之能力。
（四）使學生從本國語言文字上瞭解固有文化，並從代表民族人物之傳記及其作品中，喚起民族意識與發揚民族精神。

當然我們國語文的教學也應該朝著這個方向走，但是我們不能在海外僑居地有限的教學時間內，非要求一成不變達到這些目標不可，因為有事實困難，我們不妨顧及現實的環境，使一個普通初中畢業的學生他的語文程度，達到以下的目標：

（一）能說一口流利的中國話。（當然能說一口標準國語最是理想。）
（二）認識中國常用及次常用字四千五百個。
（三）會寫各類書信。
（四）會寫普通應用文。
（五）能看懂中文報章雜誌。
（六）能看懂普通法令條文。

這是比較具體，也是最低的目標了。如何才能達到以上的目標呢？這就是我們要討論的問題「國語文的教學」。當時秘魯僑教的實際情形是這樣的：以中三聯校為例，初中生為了要做升大學的準備，一週只有五小時（實際是二百二十五分鐘）中文課。小學生升學問題不若中學生那麼急迫，所以一週有十三小時（五百八十五分鐘）的中文課程。小學是一種基礎教育，而且教學時數多，學生西文課程也不如中學的緊，所以依愚見我們當特別注重小學的華文教育，這是一個原則。原則確定後，再定計畫，逐步推進，以期達到目標。當然我們的意思絕不是說放棄中學的華文教學；我們仍然盡力而為，尤其是對華文有特別興趣的學生加以個別特殊的指導，使之有深造研究的機會。我們決定了原則，就定一個教學計畫來實行，以期達到我們所定的目標。在這裡我們再介紹教育家壽彭先生的一些高見，再加上我們自己的淺見，就正於各位專家先生。

二、教材的編寫

（一）把常識地理歷史合併於國語課程內。由於僑居地學生華文上課時間的限制，不能和國內看齊，所以為了節省時間，以專國語教學為宜。如此且能由於加上史、地、常識上的名詞生字增加學生識字的能力，課文內容也比較生動，才能增加學生學習的興趣，而且加深印象，同時對倫理道德、民族國家的意識，以及日常知識傳授的各種目標，同樣也可以達到。

（二）編寫整套而且內容分配恰當的課本。用通行的楷字體，做系統分明地編排，從學生身邊教起，體裁舉凡會話、詩歌、故事、日記、書信、應用文、演講詞、新聞報導、法令條文，全都包括。內容包括國語、常識、歷史、地理、尺牘，同時編寫作業學習，指導簡單的文法和語句分析。據稱僑委會現在已對以上所提到的問題都已顧及，這真是一個福音，如果以我等同仁之力，編寫一國語教材是很難，能和語文教育專家們悉心合力，所編的教材應是最為理想。

三、輔助教學的設備

（一）有關書籍的設備，請大使館、僑委會不時供給適合各年級學生的課外讀物，助兒童對課文消化、應用，以增強學生思考想像的能力。

1. 由學生或學校置備適當的詞典，以幫助學生自動學習。
2. 老師輔導學生編寫校刊、圖表、壁報，使之從實際工作中吸取經驗。
3. 學校陳列適合學生看的報章，雜誌、連環圖，成立閱覽室或圖書館，以供學生課外閱讀，幫助其複習。

（二）有關電化的設備：電化教育的成績，尤其是在語文視聽教學上的成就，已為學人所公認，我們亦當就實際的情形，施行電化教育。一個學校當有一間視聽教室，數架電影放映機、錄音機、幻燈機，以及電唱機，以利教學。

四、國語文的教學

我們把國語文的教學問題加以分析，可以分為讀書、說話、作文、寫字四大項目。現在就其時間的分配，與教學方面的問題，分述如下：

（一）讀書：說話、作文、寫字的實際授課時間、我們試列如下表：

年級	讀書		說話		作文		寫字		合計	
	分鐘	節數	分鐘	節數	分鐘	節數	分鐘	節數	分鐘	節數
幼稚園1	180	4	180	4	180	4	180	4	720	16
幼稚園2	180	4	180	4	180	4	180	4	720	16
小學1	315	7	45	1	135	3	90	2	585	13
小學2	315	7	45	1	135	3	90	2	585	13
小學3	360	8	45	1	135	3	45	1	585	13
小學4	360	8	45	1	135	3	45	1	585	13
小學5	360	8	45	1	135	3	45	1	585	13
小學6	360	8	45	1	135	3	45	1	585	13

（二）讀書教學方面的問題：

國語科中讀書一項，是其他說話、作文、寫字的基礎，在國語教學上所佔的地位十分重要。現在我們把教師應該注意的一些問題，和教學過程分述如下：

1. 教師應該注意的問題：

（1）要能引起學生讀書的興趣（引起動機）才會收到效果。

（2）多用直接觀察教學法，使學生容易瞭解領悟。

（3）設法啟發誘導學生的思考理解能力。

（4）整個教學的過程要以學生活動為中心。

（5）指導學生養成自習、自學的習慣。

（6）指導學生用普通說話一樣的自然聲調朗讀，務求發音清晰準確，並注意聲調的高低快慢。

（7）指導學生默讀的正確方法。

（8）指導學生討論課文大意。

（9）指導學生學習字的部首。

（10）指導學生學查字典。

（11）指導學生預習的方法。

（12）指導學生課外閱讀活動。

（13）指導學生國語文的課外活動。

2.讀書教學的過程：

（1）幼稚園和低年級：

A用圖畫、模型故事引起學生學習動機和興趣，並先說明課文大意及生字的解釋。

B回到課本，口提問題問學生，並做動作表演。

C生字識讀，並做語句分析。

D教師引領學生朗讀課文數次。

E糾正學生語音的錯誤。

F練習生字。

（2）中年級：

A用圖表模型故事介紹課文。

B默讀課文，老師講述課文大意。

C領學生查字典，解釋新詞。

D討論全課課文內容。

E教師引領學生朗讀課文數遍。

F糾正學生語音的錯誤。

G生字生詞造句與語句分析。

（3）高年級：

A用故事圖表等介紹課文。

B默讀整課課文，講述整課大意；

C領學生查字典，解釋新詞的研討。

D研究課文的結構內容，並作語句分析。

E教師領導學生朗讀。

F糾正學生語音的錯誤。

G提出問題，聽寫。

（三）說話教學方面：

1.內容與教材：

（1）幼稚園一、二年級：簡單的會話與造句等。

（2）小學一、二年級：日常會話、講故事與簡單演說。

（3）小學三、四年級：講故事、演說。

（4）小學五、六年級講故事、演說與辯論會。

2.教師應該注意的問題：

（1）注意學生發音的準確，並隨時加以糾正。

（2）指導學生說話要自然，不可裝腔作勢。
（3）指導學生一般說話的方式，以及應當注意的禮節。
（4）指導學生多用語句分析方法，說有系統而且完整的句子。
（5）指導學生演講時發音要準確、宏亮，表情要大方自然。
（6）指導學生在辯論時要注意事理，不可爭吵，更當注意教室的常規。
（7）對怯於說話的學生，要循循誘導鼓勵他。對勇於說話的學生要指導節制他說正確的話。

3. 教學生的簡單方式：

（1）幼稚園與小學一、二年級：

教師指導學生練習正確的發音、簡單會話。把一星期講過課文上的圖畫，讓學生輪流述說大意，練習簡語句的分析。

（2）小學三、四年級：

A 教師指導學生在作文的時間內習作故事或演講稿等，教師批改後讓兒童課外練習，以每人講二至三分鐘為限，全班輪流講演。

B 教師再與學生討論、批評、糾正錯誤。

（3）小學五、六年級：

A 教師指導學生作文課內習作故事演講稿，或簡單日常生活劇，批改後在上課時輪流講演或排演。教師又可領導學生討論讀本的問題，或指導學生開辯論會。

B教師再與學生討論、批評、糾正錯誤。

（四）作文教學方面：

1.教師教學作文應注意的問題：

（1）應先注意培養學生作文的興趣。

（2）嚴格限定學生在指定的時間內交卷。

（3）指導低年級學生口述作文。

（4）指導低年級學生把能說出來的句字寫出來。

（5）指導學生文字的運用方法。

（6）指導學生怎樣整理他的想法（思想）。

（7）指導學生標點符號的用法。

（8）批改學生的作文，一定要符合學生的本意。

（9）在卷後作恰當的評語，多作鼓勵性文字。

2.各年級與學年作文教學的作業目標分配：

3.作文教學過程：

（1）幼稚園與低年級：

A在黑板上寫出上一期學生造句的錯誤，別字、錯句，加以訂正。

B照圖畫的意思，教師出題目，寫在黑板上，指導學生照圖造一二句句子，再把它連貫。

（2）中高年級：

A訂正上一期作文的錯誤，別字、錯句，並試讀範文一篇，令學生自做比較。

B寫出本期的作文題，依照其意寫出大綱，幫助學生構思。

C學生依原定的大綱，或自作的大綱起稿，修改謄寫。

年級	篇數	作業目標分配
幼稚園1		會話、寫生詞。
幼稚園2		極簡單造句。
小學1	20	造句。
小學2	20	簡短作文（日常生活記敘）。
小學3	20	
小學4	20	四分之二書信，四分之一應用文日記，四分之一演講詞。
小學5	20	四分之一書信，四分之一應用文，四分之一演講詞，四分之一記述文。
小學6	20	五分之二書信，五分之一應用文，五分之一演說詞短劇，五分之一議論文。

（五）寫字教學方面：

（1）教師教學寫字應注意的問題：

A指導幼稚生與低年級學生明瞭字形筆順。

B指導學生執筆法。

C指導學生運筆的方法。

D指導學生字的間架結構的方法。

E指導學生除用讀本的寫字練習外，並選擇正確的範書字帖來習字。

（2）教學過程：

A幼稚園的寫字教學：教師除先教學生執筆外，並用鉛筆練習國字的基本筆畫，將一撇、一點、一橫等加配口頭音樂節拍，由教師領導全班學生練習；寫完之後教師並比較各學生的成績優劣及加以訂正。

B低年級的寫字教學：可依照讀本的生字加以練習，以筆畫順序配合音樂節拍，教師領導全班學生用鉛筆書寫，再由教師批改訂正，比較優劣。

（3）中高年級的寫字教學：

A教師令學生每週繳毛筆字若干篇。

B並於上課時令學生預備毛筆、墨、硯、紙、範帖等寫字用具。上課時先批評選擇上期寫字的成績，把成績好的貼在布告牌上，供學生觀賞並作為鼓勵。

C講解寫法，不但說明筆順先後並告訴學生用筆起落方法。
D教師巡視並作個別指導。
E教師批改。

五、結論

總而言之，我們擔負僑教重任同仁，雖然在此困艱的環境中，也當確盡天職，盡其在我，在有限的教學時數內，使學生的華文會說能寫，並希望我們愛國僑胞、各學生的家長與學校合作，督導學生常說華語，常寫華文，在此復興中華文化的呼聲中，發揚光大我淵博優美的中華文化。

參、秘魯僑教話今昔

為使生長於斯的我僑子弟能接受中華文化的薰陶，為使博大精深的中華文化能在居留國發揚光大，美洲第一所中文學校——秘魯中華三民聯校，經過九十六個春秋的洗禮，已成為秘魯家喻戶曉的華人學府，受到秘魯政府的重視與關注，秘魯教育部封之為教學質最好、人才最優秀的學校之一。

僑校從一九二四年建校以來，一直本著宏揚中華文化，造福華僑後代的精神。經歷了重重困難、幾經艱辛，修設成今日的「中三聯校」新址。

一、回顧過去

海外辦校，當年，航建會主席潘勝元先生說：「因吾人仰異族人氏鼻息之痛苦已久，但願下代子女提高文化水準，讓華僑子女在居留國成為未來之主人翁，實是我輩之天職。」道出了僑居海外中國人的苦況與渴望。故僑界迫切渴望建立一所自己的學校，讓子女和後人得以接受中國傳統道德為基礎的文化教育，由熱心僑教「天主教華僑婦女會」的女士們擔起此重任。經過艱辛的努力，終於立了名為「中華」的男女生混合小學，十二年之後（即一九三六年），在

《南三順會館》開辦了另一所名為「三民」的小學。

一年之後，第二次世界大戰爆發，可恨的日本帝國主義向中國發動了侵略戰爭，造成無數中國人的慘死。這時，秘魯華僑懷著滿腔的愛國熱忱，對死難同胞的深切哀悼，自願組織起來開展救國活動，其中，由潘勝元先生為主席的「中國航空建設協會」（簡稱航建會），在布雷尼亞區（布雷尼亞區，Distrito de Breña）購置了一塊地皮，旨在培養支援祖國抗日活動的航空技術人才。

但因每一個人都知道在秘魯辦事效率，加上各人意見不一，等所有的事情統一決定後，一晃數年過去了，抗日戰爭又近尾聲了，這塊相當寬敞的土地尚未得以啟用。「航建會」的會員最後決定把此地建成僑校：獻給全僑，造福後人。這些熱心的華僑為建僑校甚至獻出自己的私產，目的是把兩所小而簡陋的「中華」和「三民」小學的學生合併到一起，綜合師資和開支。同時也為避免惡意之批評，「航建會」將此一地皮交由通惠總局保存地契，永遠不得出賣，更絕不能改變辦校的用途，「航建會」繼續掌管和負責興建籌辦僑校，學校的一切事宜將由航建會全權支配，全力發展僑教，讓中華子女得以學習中華文化之精髓，以平息僑界間的分歧和糾紛。

時光流逝，儘管多年來許多志士仁人不得不面對形形式式的中傷詆謗、碰到過各種各樣困難，於民國五十一年（一九六二年）九月二十六日經秘魯政府部級決議批准，終把希望變成現實。

這得感謝「航建會」主席、「中三聯校」的功臣潘勝元先生。他培育為我僑後人立下了汗馬功勞！

二、放眼今天

過去歷史的種種原因，初遷現址之中華三民聯校，僅有教室二幢，四周一片黃泥地，強風過處，沙塵滾滾，前後花草鮮見，樹木稀疏；學生人數寥寥，設備簡陋之校舍；欣見今日之中華三民聯校已是校舍林立，綠草如茵，繁花似錦，滿園飄香；學子過千、建築堂皇，榮獲秘魯教育部核定為典範學校之皇皇學府——中華三民聯校。

走進校園，教學大樓正中醒目的「禮、義、廉、恥」校訓，為學生省察人格之明鑑。寬廣的籃、排、足球場，是莘莘學子們鍛鍊體魄之世界；中山堂，為各慶典遊藝表演之場所，笑聲、掌聲常洋溢其中；重新裝潢的林語堂樓，為學生研習生化物理實驗的實驗室，室內之實驗儀器，新式齊全，設備先進，所有的玻璃飾櫃貯存著各種類的標本樣板，擺滿了學生創造發明的精品；正在修建中，外表壯觀奪目的「長城樓」分為四層，首層是學生軍樂隊的重地，封閉式的舞臺設計，讓學生們有身臨舞臺的感覺；旁邊藏書萬卷的圖書館，是師生吸取中外知識、研查資料之寶庫；學校為推展先進的資訊教育，電腦室內設置數十臺電腦，訓練學生進行電腦操作，進入網上世界採集資訊；另外還有電化教學室，健身體操運動室等現代化的教育設施。

在校園中崛起的、融中西文化建築精髓為一體的「忠孝閣」會客廳，使置身其中的賓客倍感溫馨自然。

中華三民聯校除擁有如上優越條件外，更具有其他學校所無之特點：

她——教授中英西三種語文，培養多種語言能力之人才；

她——容納中秘日韓阿拉伯等不同國籍之學子。推展有教無類之博愛教育。

她——擁有擅長演奏世界各名曲之百人學生軍樂團，並被國家教育部指定為教育部的軍樂隊，從事國民外交工作，發揮愛國愛僑之情操。

她——每年都有巡迴教師從太平洋的彼岸來到這裡，為傳揚有五千年悠久正史的中華文化指導學生，如中國結、功夫、剪紙、貼花等，讓學生們除在文字上，也在手工製作方面瞭解中華藝術。

她——校規嚴謹，禁止男生蓄長髮，女生戴飾物，並由訓導處作定期檢查，養成學生整潔樸素之美德。

她——設幼稚園至高中完全課程，為全美洲獨一之完整中小學僑校。

她——胼手胝足，數十年來，校中龐大的開支都得到僑委會的大力支持無論是在師資上教材上都給與很大的幫助，同時悉賴學生學費的收入，從未藉以任何名目向僑胞、家長勸募，亦從不設家長會費。

她——以學生的課業為重，免費為不及格的學生補課輔導。

她——擁有各方實力人士的家長會：教育、外交、軍警等各部主管，致力於協助校務之工作推動，維護學校之權益。他們對有損僑校之利益的人或事，都會群起而攻之。

最令本校學生感到自豪的莫過於學校能使他們童年的夢想成真，成為社會有用之才。民國九十年（二〇〇一年）開始，利馬著名的高等學府——利馬大學，公開接受「中三聯校」成績優秀的學生免試進入該大學就讀。多所高等學府爭先錄取本校的學生。為此，秘魯國家高機構——國家議會、教育部多次來信祝賀中華三民聯校的辦學成功，並列為國家最好的中小學教育學校之一。

中華三民聯校之所以能取得今日之成效，前人創校之功固不可沒，也全賴校董、家長之血汗、全校師生之心力所灌溉，現董事會所投注之精力，時間而有以致之。

三、展望未來

教育乃百年大計，展望以後之中華三民聯校，仍有待我全體僑胞，可以說華僑學校的教育，每位華僑都應有份去關心與支持，家長之鼎力支持，更重要的是師生之繼續努力。

肆、中華三民聯校分校簡史

一、孔夫子學校成立經過

民國六十二年（一九七三年）十一月，中華三民聯校家長、校友及僑社忠貞正義人士，組成中華三民聯校自治會，脫離業已傾共之中華通惠總局，使華僑子弟仍能接受傳統中華文化之薰陶，以免沾染邪惡共產毒素。中三聯校自成立自治會以後，校務蒸蒸日上，聲譽更隆，學生人數直線上升，原有校舍已不敷所用；自治會除在本校原址籌建林語堂大樓、孔夫子大樓、胡適大樓三座外，全體理事無不殫精竭慮，設法解決校舍不敷的難題，尤其自治會駐校理事總務主任梁光原君焦心苦慮聯絡家長，多方奔走，終於說服教育部主管單位，應允撥聖米格「邦杜」新社區（Urbanizaiòn Pando San Miguel）佔地九千二百七十二平方公尺之地，擴建分校，發展教育。在民國六十九年（西元一九八〇年）元月二十一日，獲得秘魯政府當局批准正式檔，由秘魯總統莫拉萊斯將軍（Francisco Morales Bermúdez Cerruti）聯同住宅建築部長塞尚羅薩斯簽署。自治會第四屆理事會適時產生：會長黃亮傑、副會長葉炳榮、財政劉偉光、葉碧蓮、書記繆凱東、呂文楷、理事梁光原、黎國雄、朱敬新、曹金慧。經理事會議決，分校訂名為「孔夫子學校」，希以孔子致力教育，學不厭、教不倦、有教無類的精神辦學，發揚傳統的中華文化。

中國國民黨駐秘魯總支部常務委員潘均榮先生，一向熱心僑務，首先捐出秘幣二百萬元，作為孔夫子學校第一棟大樓建築費用，該大樓於民國七十二年（一九八三年）三月卅日完工；潘氏又捐出七千美金設置中文成績優良學生獎學金，中華民國僑務委員會毛松年委員長為獎勵潘均榮先生之義舉，特將孔夫子學校第一棟大樓命名為「均榮堂」，並親書勒石製碑，以為紀念。隨後潘程姒玉女士為紀念亡夫潘擎原君，亦捐出秘幣二百萬元；自治會為感激程女士之熱忱，於一九八三年九月以兩間課室分別命名為「潘擎原室」、「潘程姒玉室」，以示紀念。

孔夫子學校於民國七十一年（一九八二年）四月開學，至今已有幼稚園及小學一、二年級學生共五班二百餘人。自治會擬於十年時間，分期完成孔夫子學校各項建築，屆時將可容納學生一千餘人，中華文化在拉丁美洲之傳揚，必將發生更宏遠之影響。

二、中華三民聯校簡史

中華民國十二年（一九二三年）秘魯中華通惠總局主席謝寶山，以及熱心僑教的僑商何海珊、羅殿祥、霍家勤、鍾嘉言等十餘人，發起創辦中華學校。在民國十四年（一九二五年）四月十五日開課，校址設在中華通惠總局樓上，當時學生僅有六十五名。至民國十五年（一九二六年），學生人數增至一百餘人，仍聘請周翹軒先生為中文部主任，蔡少春博士為西文部主任，校務蒸蒸日上。

中國國民黨駐秘魯總支部人士，鑒於僑教之重要，亦於民國二十四年（一九三五年）在秘京利馬總支部創辦三民學校，專收華僑子弟，聘請李繼淵先生任首屆校長，學生人數逐年增加。

抗戰勝利後，兩校校董為集中力量與人才，以利校務之發展，將兩校合併，定名為「中華三民聯校」，並以中華民國的國慶日——十月十日，作為西文校名。由中國國民黨駐秘魯總支部常委潘勝元先生等提倡，將中國航空建設協會秘魯分會在秘京美連耶區近兩萬平方公尺之巨幅土地，贈送給中華三民聯校作為校址，中華三民聯校遂於民國五十一年（一九六二年）遷入新址，先後由潘勝元先生、伍時康先生、崔氏兄弟、黃森煜父子及僑界熱心僑教人士捐建課室、禮堂、宿舍，僑校略具規模。但兩校合併後，學生人數也只有二百八十八名，經濟十分困難，中華三民聯校除由中華通惠總局定額津貼外，每年必須向全秘僑胞募捐兩次，以解燃眉之急。由於僑校經濟萬分困難，人人視辦僑校為畏途，因此，我中華民國駐秘魯大使劉宗翰、總領事丁占鰲為維持僑教之不墮，力邀真心熱愛僑校人士黃亮傑、林澤、梁光原、葉炳榮、餘裕堯、溫永琛等出面組成董事會，全力維護僑校。而一些別具用心而後傾共者，先是袖手旁觀，進而竟欲坐享其成，僑教工作之難，由此可見。

民國六十年（一九七一年）十一月，秘魯軍政府與中共建交，中華民國政府中止與秘魯邦交，僑界部分左傾份子在中共駐秘魯使館唆使下，於民國六十二年（一九七三年）控制中華通惠總局，進而謀奪中華三民聯校，於是僑界正義忠貞之士陳君俠、葉靜宇、雷銳霆、謝世璿、蔡祺福、曹鉅聲、餘劍鳴、古偉凱、歐陽紹興、呂文楷及中華民國政府派駐在秘京利馬人員王允昌、沈傑爭、袁頌安等在中華民國僑務委員會毛松年委員長、劉宗翰副委員長大力支持下，籌組中華三民聯校自治會，以維護僑校；自治會第一屆理事於民國六十二年（一九七三年）十一月十二日產生，會長黃亮傑、副會長朱敬新、秘書繆凱東、李金球、財政唐季甫、劉偉光、理事葉炳榮、梁光原、黎蘇杏英、方漢元等十人，同心協力，繼續為教育華僑子弟、宣揚中華文化努力奮鬥。自治會成立至今已歷四屆達十年之久，學生由不及六百之數，增至一千五百餘人；孔夫子大樓、林語堂大樓等先後增建落成，理化實驗室、電影、幻燈放映室、音樂室、自然、生物室、縫紉室等設於其中，使學生獲得齊備優良的學習環境。學生軍樂隊連獲秘魯全國中等學校樂隊比賽五屆冠軍；畢業生升大學率極高。由以上優異表現、設備齊全，中華三民聯校榮獲秘魯教育部設為全國二十所示範中等學校之一；因此，各界認為中華三民聯校確為中南美洲最具歷史規模之華僑學校。

伍、吳敬恆班的畢業旅行（上）

秘魯中華三民聯校是中南美洲最有歷史，又是最具規模的僑校。它的前身中華學校，民國十三年（一九二四年）就成立了。旅秘僑胞為了集中經濟力量和人才，在民國五十一年（一九六二年）將它與三民學校合併，組成聯校，三民學校是由中國國民黨駐秘魯總支部人員所創辦的。新校址在利馬市美連耶區，佔地一萬九千平方公尺。它的西文名字是COLEGIO DIEZ DE OCTUBRE（十月十日學校），以祖國的國慶日——雙十節，作為聯校的新校名，安排很巧妙，也有很深遠的意義。

每屆畢業班都以一個我國歷史上的偉人作為班名，以為效法的榜樣。民國五十七年（一九六八年）畢業的是「孫逸仙班」；民國五十八年（一九六九年）畢業的是「孔夫子班」。民國五十九年（一九七〇年）應屆畢業的學生，恭請他們心目中的好大使——劉宗翰大使為他們的班命名，劉大使期許這班二十三個男女學生都是要立志做大事，不要做大官的優秀青年。於是特以吳稚老的大名作為他們的班名。希望他們都能像吳稚老一樣高風亮節，熱愛祖國。

每屆畢業生，為了增長見識，瞭解居留國的風土人情、歷史文物，行萬里路以代替讀萬卷書，在畢業前一定舉行一次參觀旅行。秘魯的中學一年分三個學期上課：四月至六月是第一學期，七月至九月是第二學期，十至十二月為第三學期。一、二兩個學期結束後都有十天的休息，第三個學期結束後緊跟著是三個月漫長的暑假。我們今年的畢業旅行，決定在第二學期結束的九月二十四日開始登程。

二十三個學生，三個老師，十天的車資、食宿費用約需五萬索爾（等於五萬多新臺幣）。這是一筆不算少的數目，不是每個學生經濟能力所負擔得起的。我們中三聯校有個傳統的籌款辦法：學生參加畢業旅行，如果自己不零花，可以一毛錢不費，痛痛快快地玩一趟。這個辦法，每年開學時，福利社就交給五年級畢業班負責承辦。旅行費用就在一瓶可樂、兩包餅乾的情形下，慢慢地累積起來了。但也不能黑著良心，對同學猛敲硬榨，弄得小財神爺不肯上門，那就變成「偷雞不著」了，所以每年總還差個一萬兩萬的。沒關係，還有辦法，再開一個籌募旅行基金的舞會。一百索爾一張入場券，僑胞們就是不去跳舞，只要找上門來也會買個一張兩張，成全小夥子們的美事。旅費每年都是這樣輕輕鬆鬆地解決了。

我們包了一輛旅行車，按照計劃，在二十四日晚上九點鐘啟程，作為期十日的秘北旅行。汽車馬達一響，歌聲就同時並起，先是校歌，男女混聲大合唱：「皇皇學府，遠適秘魯……中華文化，如日輝煌……三民大道，中流砥柱……」置身海外的僑胞，泱泱大國民之風，心向祖國之情，充分流露。跟著中西歌曲雜陳，新學的〈中國一定強〉、〈高山青〉也都全部出籠。哪一個不識相，打起瞌睡來，馬上他的大名就編成了歌詞，非把你哄醒不可，就是先生也不能例外。到了三點鐘第一次打尖，大家下車補充一些點心和咖啡，長了精神，所以一上車歌聲再起，十分熱鬧。車子開了一大段，忽然有人大叫「麵包、麵包！」不好！白白胖胖的黃亦強根本沒有上車，急忙轉頭回去。「麵包」正在愁眉苦臉呆在那發楞呢。原來他去方便，正在緊要關頭，車就開了，還算好，發覺得早，不然「小麵包」可要吃大苦頭了。

天亮之後，車子慢慢地進入了今年五月三十一日秘魯發生的大地震的震央區。這次大地震，在一千三百萬人中，死難者竟高達五萬之多。受災人民超過八十萬，財產損失亦達兩億五千萬美元。

西半球的華斯卡倫峰（瓦斯卡蘭山，Nevado Huascaran Cordillera Blanca Ancash），是安地斯山脈（Cordillera de los Andes）的一個支脈。這次地震，一個大山頭整個崩陷在嚴寒的楊加湖（良卡努庫湖，Quebrada de Llanganuco）中，造成水壩的潰裂，使得大量的洪水挾著岩石污泥，衝向秘魯有名的遊覽勝地——榮蓋市（永蓋，Yungay）。市內四萬一千居民，活著的只有及時逃上高地的三千人而已。「榮蓋」（永蓋，Yungay），就像古代羅馬的龐貝城（Pompeii）一樣，整個被埋在灰石污泥之下，失去了它的蹤影。一直被旅行家譽為「秘魯瑞士」的瓦拉斯市（Huaraz）附近的峽轂，水色山光，風景秀麗，舉世聞名。在大地震後，空運急救品進入災區的駕駛人員說，在峽轂上空只看見籠罩著的一大片塵雲，就像才引發的核子試爆，其他甚麼也看不見。塵雲上衝一萬八千呎，歷時兩天不散。秘魯報紙沉痛地呼籲：「毋忘瓦拉斯（Huaraz）！」但是桑田滄海，它畢竟成了歷史的陳跡，如今是景物全非了。其他的受災城鎮，像卡斯馬（Casma）斷垣殘壁，幾乎沒有一座完整的房子；濱海的工業城兼秘北的港口「清波地」（欽博特，Chimbote）也是一片廢墟。但是，人們就是不願意離開自己的故居，慢慢地已經著手重建家園了。車子離開了慘不忍睹的震災中心區，在二十五日上午十時左右，我們到達了秘魯北部的第一個大城——「篤路禧約」（特魯希略，Trujillo）。

秘魯中部的山區，有很多土著，大多是印第安人的後裔。知識未開，生產仍然十分落後，還停頓在耕牧狀態中。大都以出售手工藝品為生；農產品也只有一些玉米、洋芋之屬。畜牧以牛、羊、驢、馬為多；另有一種聞名世界的特產——駝羊。牠的外形類似沙漠之舟的駱駝，但是較小而沒有駝峰。平時用以載運貨物通行險峻的山嶺，是山地居民的良伴；而且牠的毛皮價值甚為名貴，又是增加財富的工具。所以秘魯用駝羊的標幟作為國徽，可見這種特產對秘國貢獻之大。位居中部山地和沿海平原之間秘北的一些城鎮：篤路禧約（特魯希略，Trujillo）、契卡拉約（契克拉約，Chiclayo）等地方，由於所處地位的關係，山地的土著把他們的產品拿到這裡，用來換取生活必須的工業製品。因此形成了繁榮的市面。

我們在篤城（特魯希略，Trujillo）吃過午飯，隨即駛往郊外，去參觀印第安人的古城——「欽欽」的遺跡。由於秘魯西部沿海地區終年少雨，因而這個古城全以泥塊堆砌而成，佔地很廣。現在秘政府派有專人負責看守保存。城壁處處都雕著印第安人特有的圖騰，或鳥或獸，奇形異狀，有其非常特別的風格。雖然因為時間太久，許多地方已經殘缺不全，或是曾經後人整建。但是從它現存的殘跡來看，已可窺當年的盛況了。同學們都大發思古的幽情，紛紛攝影留念。

大家還意猶未盡，又轉往參觀「拿邦耶該」（蘭巴耶克，Lambayeque）的博物館。館長特地把金器收藏室開放，讓我們參觀。只見滿屋的金器，在強烈的燈光下，燦爛奪目。舉凡古印第安人的日常器具、祭器、裝飾品、陪葬明器，應有盡有，美不勝收。叫人想見古印第安人在南美所建立的「印加帝國」（Tawantinsuyu）的富強。考古學家認為，印第安人早在西元前兩千年左右，即已定居在秘魯境內，形成了西半球最古老的文化發源地。有人稱之為美洲的埃及，又有人把它媲美歐洲的羅馬帝國。以它在政治、經濟、天文、曆算、醫學、農藝各方面的成就來說，比喻的非常恰當。古印加帝國（Tawantinsuyu）立國後，在西元一千一百年及一千二百年上下開始擴張，經過二、三百年的開拓，到了西元一千四百年前後，國勢達到全盛。其版圖之廣，北起今玻利維亞、厄瓜多爾；南迄智利及阿根廷的一部；西由太平洋岸以達安地斯山脈東麓。印加人善築道路，他們當年在帝國境內各處崎嶇山地、沿海沼澤所修築的大道，至今仍有可以使用的。他們還設有推廣農業的中心，在農藝上有輝煌的貢獻。博物館裡還藏有頭部顯有被鑿穿而又醫治復原痕跡的木乃伊骷髏；並藏有割療治傷的工具，可見當時醫學的發達。又有各種紡織品、陶器、銅器、石器等，款式很多，花紋精緻古雅。由這些豐富的收藏，可窺當年印加帝國文事武功之盛，有些陶器頗類中國風格。

在此順便談一談近年來中外歷史學家討論頗為熱烈的問題：早期中國移民到達美洲的可能性。一些秘魯歷史學家、考古學家根據在美洲各地發掘的遺物，考證結果，他們認為這個問題的答案是肯定的。他們研究的結論認為：「華人早在距離現在一千數百年以前，已經抵達了秘魯境內。」在篤路禧約（特魯希略，Trujillo）的一位秘魯人，康地加基君（Conde De Guaqui），曾於一八六五年開闢農場時，在地下掘出了一座金屬女佛像，頭梳中國式髮髻，足踏龜蛇。像上並刻有：「或南田井」四個古漢字。據德國考古學家何希欽奇（Jose Kimmch）教授考證，認為是中國古物，而且埋藏地下已有一千餘年之久。現在國內政治大學執教的前旅秘何名忠教授說：「南田井」是中國浙江省的一個地方，位在象山縣之南的海島上。[4]何教授也認為千百年前可能已有華人到了秘魯。又在衣卡省（伊卡，Ica）聖地哥山地發現陪葬的明器，一件陶製的圓盆。上面有直書的「本日」及「廿日」四個很清晰的漢字，而且有中國古式的圖紋。有關這個發現，當時秘京利馬市極有權威的El Nacional報，曾在一八六七年一月二十四日，特別發表社論。認為這項發現，極有歷史價值，對早年華人移民秘魯的可能，這個問題提供了有力的證據。由於山地一些古老居民膚色容貌以及文化上許多與華人相同的特徵，益使他們相信秘魯初期民族可能係華人血統雲。又在那斯加（納斯卡，Nazca）地方出土的陶盆，上面有七個漢文的「天」字；在衣卡省（伊卡，Ica）出土現在該地聖法蘭西斯教堂（聖方濟各聖殿與修院，Convento de San Francisco）收藏的一件陶質水盂，上面有漢文「出」字三個；利馬國家博物館收藏編號為一四七〇的兩件畫有中國八卦的陶器，秘魯歷史學家羅亞沙氏（Francisco A.Loayza）認為無疑是中國物品。早在千數百年前由中國移民攜來秘魯的。墨西哥

[4] 南田縣是浙江省一個已經撤消的縣，存縣期間，範圍包括今寧波市象山縣的南田島、高塘島、花　島、檀頭山、坦塘島、漁山列島等。

境內也有先期華人的遺物出土。一九六三年曾在地下發現中國古玉，上面刻有「明月照松柏」等字樣。經墨國國家博物館的羅門敏那氏（Ramon Mena）的研究，認為此係若干百年前從中國大陸輸入的。他認為早在哥倫布發現美洲之前，即有華人到達了「新大陸」（以上各點見何名忠教授編秘魯華僑手冊一書）。國內的一些學者，也有認為早在晉朝，中國的高僧法顯和尚（俗姓龔，我國第一個西行求經的高僧，他在西元三九九年西行，四一四年從海道回國，著有《佛國記》一書），就已經到達了墨西哥。墨國也有東方聖人來墨的記載。一九七〇年七月二十七日出版的「美國新聞及世界報導」上，曾經報導了挪威籍的人類學家桑・海德爾和他七個不同國籍的助手，用草筏橫渡大西洋成功的新聞（草筏用古埃及人造紙的紙草製成的）。他們費時五十七天，航程達三千二百哩。此舉的目的在證明早在哥倫布以前三千年，東方埃及文化已經傳到了美洲。這一次冒險試航的成功，更證明早期中國移民來到美洲的可能性。有關這個問題，當然還有待更進一步的求證，但是至少秘魯人和我們中國人之間有其特殊的緣份。例如，他們暱稱華人為「拜山諾」，就是「老鄉親」的意思，從不歧視，視同家人。軍政府的總統韋拉斯古將軍（貝拉斯科，Juan Francisco Velasco Alvarado）有華人血統，因此也有一個「中國人韋拉斯古」的綽號。華人帶來的TE（茶）、GION（薑）、KAI-CHAI（芥菜）、PAI-CHAI（白菜）、NABO（蘿蔔）、TAUFU（豆腐）、JA-KAU（蝦餃）、WANTAN（雲吞）、MINPAU-CHINO（包子）等食品都早已成了秘魯人日常必吃的了。「米飯」秘人也受了華人的影響，成了他們的主食。各大農場都紛紛試種臺灣有名的「蓬萊」、「在來」「臺中六七」各種優良的稻種。一九七〇年初由於秘魯政府的邀請，我國政府特派了一個農技團來此。在團長張沂滔先生率領下，一行六人，現在丁哥馬利亞正默默地耕耘著，定當有輝煌的成績表現。這一切都象徵著中秘兩國人民之間深厚的友誼緣份。

二十六日下午，車抵契卡拉約市（Chiclayo），當地的僑胞黃先生、鄭先生招待我們午餐，飯後隨即陪同我們參觀當地的糖廠。比起國內的糖廠來，它的規模並不算大。他們告訴學生，祖國糖業的發達情形，以及兩年前秘魯糖業公司，還特地聘請我國專家來指導製糖工業，學生聽了都很引以為榮。到達「汀那或奈」（Tinajones）水庫，已近黃昏，這個水庫是秘魯一項多元性目標的水利工程，還在興工中。這時落日的餘暉浴在水面上，波光瀲　。遠山朦朧，清新和煦的微風拂向沉沉的暮靄，令人心曠神怡，悠然忘我，彷彿又回到了日月潭一般。大家逡巡流連，真有點捨不得離去。

和黃、鄭兩位先生道別後，我們就連夜直駛「標拉市」（皮烏拉，Piura）。唱鬧了三天的學生，也都疲累不堪，一個個都乖乖地睡得東倒西歪。吉他聲一歇，彷彿清靜了許多，只聽見汽車馬達的吼聲。越往北走，由於天氣越熱，夜晚行車都令人覺得悶熱難受。已經越來越近赤道了，只見沙漠一片，景色荒涼單調，所以我們也不得不乘夜涼趕路。二十七日一早到達了標拉市（皮烏拉，Piura），正好是禮拜天，學生都趕往教堂望彌撒。拉丁美洲人十分之八、九是天主教徒，此間的華僑也深受影響，信天主教的人很多。而信奉佛教的卻絕無僅有，觀音像、彌勒佛只是一般華僑家裡的擺設罷了。標拉市是沙漠中的一塊綠洲，市容整潔，街道幽靜，公園裡的花木扶疏，修剪的十分齊整美觀。晚上一個軍樂隊在那裡演奏名曲，樂聲悠揚，旋律美妙。大人們在石凳上休憩，悠閒地閒話著家常。孩子們興高彩烈地相互嬉笑追逐，一片淳樸自然與世無爭的景象，真令人有置身世外桃源的感受。

秘魯軍政府前年十月九日沒收了一家原由美國人投資經營的國際石油公司產權，鬧得滿城風雨，觸發了美秘外交關係的大波瀾。秘魯人對這件事卻很引以為自豪，特定這一天為「國家尊嚴日」（la dignidad nacional），各機關學校都放假一日，以示慶祝。這個石油公司現在就改稱「十月九日石油公司」，用以紀念一九六八年的壯舉呢。

二十八日，我們在達拉拉市（塔拉拉，Talara）吃了午飯，馬上就催校董梁光原先生和繆凱東老師快去辦參觀油廠的交涉。這家舉世有名的石油公司，因為名氣大，大家都有先睹為快的心理。它建築在一望無垠的大沙漠上，遠遠地就看見高聳粗壯的煙囪，直吐黑煙；一座座銀灰色龐大巍峨的蓄油庫，矗立在白沙上，果然是名不虛傳。秘魯石油產量足夠自給，十分之七、八的油料就由該廠供應，所以秘魯人千方百計不擇手段把它收了回來，因為他們不再願意把運輸的命脈掌握在外人的手中了。

陸、吳敬恆班的畢業旅行（下）

利馬位在南緯十二度左右，在想像中該是個很炎熱的地方。但是由於太平洋洪堡德寒流（Peru Current）所經，調節了氣溫，並不燥熱。但是秘魯最北的大城——「通貝斯」（Tumbes），已經和厄瓜多爾（意即赤道國）交界了。我們這一夥「利馬人」真有點熱的吃不消的感覺。更糟的是「通貝斯」（Tumbes）這個邊界城市，是遊覽觀光的勝地，遊客極多；我們晚到了一步，所有的旅館全都客滿，只有一家小旅舍還剩兩張床位。這時候個個真是又熱又累，就想沖個涼好好休息一下，都不能如願。學生尊重先生，請我住店，我表示和大家同甘共苦，當然不便接受。最後只請司機先生好好休息，養好精神，繼續為我們服務。我們就在市中心的公園露宿一宵；女同學也只得在車上委曲一夜。除了小時候在國內參加童軍露營，這種經驗倒還是第一回呢。太陽下山以後，暑氣大消，涼風習習，甚是宜人。大家圍在一堆，祖國海外天南地北的談論不休。聊到兩三點鐘，才分別找張靠背的椅子，胡亂打個盹，一會兒天也就黎明了。

厄瓜多爾最靠近秘魯的小鎮是「瓦幾亞」（瓦基利亞斯，Huaquillas），由於秘魯可供給厄國糧食，而厄國的一般商品比秘魯便宜，這兒就形成了鬧熱的街市。出入境手續簡便，兩國貨幣通行，也沒有兌換的手續。大家過境後，一面觀光，一面購買衣飾土產，帶回利馬或當禮物送人，或留著自己用，人人都是滿載而歸。

三十日開始了歸程。但是這次最主要的目的地——喀哈曼卡（卡哈馬卡，Cajamarca），是安排在回程才去遊覽的，以便收倒吃甘蔗漸入佳境之效。秘魯有三處舉世知名的觀光遊覽勝地：第一處是南部古印加帝國的（Tawantinsuyu）首都在「庫士穀省」（庫斯科，Cuzco）的「馬丘必丘」（Machu Picchu）皇城遺址（該城建立在海拔七千八百七十五呎的高山上，印加遺民懷念故國，痛恨西班牙人的高壓統治，皇城之密，始終不肯洩漏，直到秘魯獨立後，西元一九一一年才為美國探險家勒姆・賓厄姆三世博士（Hiram Bingham III）所發現而公之於世）。另有一個就是前文已經提過，在今年五月三十一日的大地震中業已全毀了的素有秘魯瑞士之稱的「瓦拉斯」（Huaraz）峽穀。還有一個就是我們即將遊覽的歷史名城溫泉勝地喀哈曼卡（卡哈馬卡，Cajamarca）了。

車行到契卡拉約（契克拉約，Chiclayo）和篤路禧約（特魯希略，Trujillo）之間的企賓鎮（切彭，Chepén）附近，折而東行，慢慢地就進入了高山區。也是出利馬以來第一次遇見了雨。曲折蜿蜒的山路，級級上升，車外細雨濛濛，漆黑一片。大家在馬達單調的吼聲中矇矓地昏睡著。十月二日拂曉，我們已經在喀哈曼卡（卡哈馬卡，Cajamarca）附近的山頂上了。大家在這海拔二千三百公尺的高地，等待欣賞日出的奇景。在熹微的晨光下，起初只看見白雲冉冉，不斷地縹緲變幻，我們在這種氣氛的感染下，有點不知其所以了，也都有飄飄欲仙遺世獨立的感覺。大家正陶醉在如幻如夢的情狀下，驀地，柔美昳麗的旭光在山頭四射，繼而一輪曄煜和煦的紅日漸漸地高昇，頃刻間，大地都披染上一片光明。在國內的時候，從沒上過阿里山看日出，想來一定是更懾人心魂吧！回國後一定找機會去一趟，祖國的太陽一定特別光明溫暖。

空山新雨之後，山樹蒼翠如滴，迎風搖曳，一頃碧綠，更饒嫵媚。碧天如洗，白雲悠悠下望喀城（卡哈馬卡，Cajamarca）全景，有若在畫圖之中。四面環山，中為平原，像煞臺中盆地。村莊、田舍、教堂的塔頂，盡收眼底；裊裊炊煙，因風飄颺，縷縷四散。一切顯得那麼和平寧靜。斯境斯情，讓人有悠然意遠，返璞歸真的感覺。

進了喀城（卡哈馬卡，Cajamarca），看到那些古色古香、莊嚴肅穆的建築，典雅又雄偉的教堂，就自然而然地給人以一種此地是具有高度文化水準的歷史名城的印象。市內的公園是我們所見過的秘魯各地公園中最幽美出色的了。園中的灌木叢，都用人工修剪成各種飛禽走獸；或是圖案徽章，無不精緻絕倫，維妙維肖。我們在艷麗的陽光下，紛紛攝影留念，攝取這些美妙的鏡頭，以為日後的追憶回味。

在這裡我們第一個要參觀的目標就是「赦命石屋」（贖金之屋，Cuarto del Rescate），它是印加王朝最後一個名王阿塔瓦爾帕（Atahualpa）的遺跡。秘魯的上古史殊難稽考，但在一四九二年哥倫布沒到新大陸之前，支配大部分南美洲的，即是印加帝國的帝王們。其歷史可稽者可達十三世。他們屬印第安人種，膚色棕黃，髮黑而直；顴高身矮，面頰稍有髭鬚。早已有了象形文字，政治經濟制度完備，醫學發達，已有曆法。是全部美洲的印第安人中文化最高的。西元一五三二年，西班牙籍的冒險家皮薩羅（Francisco Pizarro），率兵馬自今巴拿馬南下侵入秘魯。「秘魯」這個名詞的來由實是偶然。當畢澤羅（皮薩羅，Francisco Pizarro）一行入侵後，到達今「篤路禧約」（特魯希略，Trujillo）地方，手指一河，訊問當地土著，土著答以「威魯」（Viru）。西人因此河名之音而有今日「秘魯」（Peru）的國名。當時西人武器精良，且擁有戰馬多匹。美洲在史前時代原是有馬匹的，而且是印第安人的主要食糧。後來因為濫無限制的大量捕殺，因而絕跡。因此，「馬」也成了印第安人心目中的「神物」了。當他們看見西人騎著戰馬衝殺的神態，不啻是天神下降，害怕得潰不成軍。印加王阿塔瓦爾帕（Atahualpa）因而被俘，就被囚在我們參觀的石屋中。他央求西人，若能赦其不死，他將命臣民獻上裝滿囚他石屋一般大小的白銀兩屋，黃金一屋。皮薩羅（Francisco Pizarro）大喜，當即允其所請。印迦人為救其王，獻金銀者絡繹於途，西人既貪其財，又懼其勢，收到了金銀後，仍以「阿塔瓦爾帕王（Atahualpa）不知敬畏唯一的真神上帝」這個莫須有的罪名，慘加絞殺。西人遂挾制印加王族，令其徒擁虛名而實操大政了。

皮薩羅（Francisco Pizarro）躊躇滿志，欲建一新城以為西班牙總督的首府，統治現在哥倫比亞、委內瑞拉、厄瓜多爾等地。印加人仍獻計奢言今利馬地方之利，謂其地前有介休海港之便，後有廣大遼闊的腹地；氣候更是不冷不熱，而且終年幾乎不雨。畢澤羅仍擇定其地定為首府，全力營建，使之成為西班牙統治南美的軍政中心，稱之為「利馬」（Lima），意即「王者」，表示新城為城市中之王。可見其範圍的廣大，營造之宏偉了。實則利馬一帶原是印加人流放罪犯的邊地，終年少有陽光，滿天烏黑，氣壓很低，濕度很大（通常在七十至八十六度之間）。據聯合國的統計報告，秘魯人是世界上肺病患者比率最高的國家。除了後天的人為因素，想來這種先天的環境影響關係極大。印加人既懷亡國之痛，又憤西人高壓迫害之苦，又無力起來抗爭，仍乘機獻計，徙西人於惡地，以為報復也。

喀城（卡哈馬卡，Cajamarca）倒是天高氣爽，陽光普照。因屬高山氣候區，午後常有陣雨。一時陰霾密布，大雨滂沱；電光閃閃，雷聲隆隆。雨過天青，只見半天彩虹高掛，學生們興奮莫名，難以言狀。他們生平還是第一次得睹此奇景呢，也為我們在教學上解決了困難，因為百聞不如一見，利馬一帶終年不雨，「雷電」、「彩虹」只是書本上的一些名詞而已。尤其是那七彩鮮艷的彩虹，太吸引他們了。彩虹是希臘人所說的「永遠歡樂的女神伊麗達（伊麗絲，Iris）的笑容」？還是印度人的神話「光明之神盛德拉（因陀羅，Indra）戰勝黑暗之後，把武器懸掛在虹上，放射出燦爛的光芒」？抑或是阿拉伯人的另一種說法：「虹是光明神古沙克的神弓」？這對同學們來說，太新鮮太神妙了，難怪他們大驚小怪，指手劃腳，討論不休地來欣賞這從沒見過的奇景了。

喀城（卡哈馬卡，Cajamarca）垂柳很多，間有桃樹，乃對學生施以機會教育：「柳綠桃紅」正是我祖國江南春色；長恨歌中白樂天的名句「芙蓉如面柳如眉」，以鮮花形容佳人之貌美，柳葉形容佳人的美眉，多富詩意。喀城（卡哈馬卡，Cajamarca）溫泉，水色極佳，遠近聞名。原是古印加帝王行宮休憩之所，至今仍存有一王家浴池遺跡，供人憑弔參觀。其他現在已闢為公共浴室，人人花十塊秘幣，即可享受古帝王之樂了。我們個個不肯放棄大好機會，也都效法楊貴妃，「溫泉水滑洗凝脂」，把身上的汙垢洗淨。

城東的聖法蘭西斯哥教堂（聖法蘭西斯科教堂，Iglesia San Francisco），已有兩百多年的歷史。它那莊嚴和諧的外觀，巍峨的鐘樓，哥德式高聳的尖塔插在蔚藍的晴空中，馬上就令人生出聖潔崇高的敬畏之心。堂前聖母像上，掛滿了信徒虔誠還願的金銀聖牌。堂上耶穌受難像，鮮血淋漓，耶穌的頭垂在一邊，滿臉的痛苦失望的神情，就像是悲憫世人的傲慢無知。塑像有一種逼人心靈的真實感，膽小的女同學都不敢仰視。大殿上光線極為幽暗，聖燭閃爍著微光，三三兩兩地跪著身穿素服面覆黑紗的婦人，喃喃默禱。見此情景，不禁使人油然興起宗教家救世憫人的宏願。

在這個四季如春，雜花生樹的絕佳勝地，真叫人捨不得離去。參觀聖堂的時候，有同學說已經祈求上帝讓我們在喀城（卡哈馬卡，Cajamarca）多玩幾天，不必早回利馬，又過那早出晚歸的苦讀生涯。事有湊巧，當三日下午大家收拾妥當，準備起程回去時，適逢秘魯軍政府革命二週年紀念日，各地都有遊行集會。司機跑遍了喀城全埠，竟買不到一滴汽油。事出突然，到底是人為的因素，還是學生的祈禱上感了聖靈，不得而知。但是沒有油料，有車難行，只得再留一天。不能按照預定計劃回利馬，生怕學生家長擔心，連夜用長途電話和中央社駐秘魯特派員王允昌先生聯絡。請他在旅秘僑胞的精神園地《民醒日報》上發布一則師生平安，展期返回利馬的消息。（民醒報是國民黨老同志發起創辦的，創刊於民國前一年，是南美洲歷史最久銷路較廣的反共華文報紙，現在國內的劉昌孝、何名忠二先生都曾主理該報筆政）。十月六日一早，全團終於平安地返抵了校門。

總計這次「吳敬恆班」畢業生的秘北旅行，歷時十二天。路程遠達三千三百餘公里，遊遍了秘北的各大城鎮。對該國的歷史文物、風土人情，確有了更進一步的認識和瞭解。回到利馬之後，友人們紛紛詢問這次旅行的感想如何？我們先用兩句話來回答他們：

「三千里顛簸，苦不堪言。十數日遨遊，樂在其中。」也謹以此兩語來結束本文。

柒、秘魯華人移民的簡史及其生活文化

「拜山儂」（PAISANO）這個西班牙文單字的中文意思是同胞、鄉親，在秘魯的外僑雖多，但是「拜山儂」卻是秘魯人專對華人的暱稱。一方面中國人的膚色與土著印第安人或混血人種類似接近，另一方面中國人親切和藹與人為善的天性深獲秘魯人心，因此得獲此一專有昵稱。甚至日裔的藤森謙（Alberto Fujimori Fujimori）也還以CHINITO「小中國人」為號召而當選總統。中國人的生活、文化也深深地吸引著秘魯人，就拿中國餐館為例，據秘魯發行量最大的《商報》（El Comercio）統計報導，有八百萬人口的秘魯首都利馬一市的中餐館即達千餘家之多；而且還有中餐館專有的名稱——CHIFA，即粵語「食飯」之意，不但秘魯大小城鎮CHIFA林立，甚至鄰國厄瓜多爾等地亦有CHIFA之設。所以有美國人初到利馬以為CHIFA一如BURGER KING或麥當勞是中國人經營的超級大連鎖店呢！由此一例可見華人文化對當地造成的巨大影響。秘魯人因深受華人影響也以「米」為主食，中國食品「豆腐」、「雲吞」、「炒飯」、「薑」、「白菜」、「綠豆」直接譯音造字使用，成了外來語，人人琅琅上口，人人愛吃。

中秘兩國人民早有了往來，一九九九年適逢華人移民秘魯一百五十周年，秘魯僑界由八月

至十月份舉行了一連串盛大的紀念活動。我國外交部複製了同治十三年所簽訂的《中秘友好通商條約》的中西英文本，供僑界在秘魯國家博物館華人文物展中展示；僑務委員會更撥紀念移民活動補助專款。秘魯政府特別在利馬市區闢地設立「中國公園」、重整「中國街」及「中國噴水池」，並製華人移民紀念碑、發行紀念華人抵秘一百五十周年紀念郵票及紀念銀幣。僑界舉行一連串紀念活動：移民及中國文化、華人對秘魯貢獻等專題講座、文藝表演、花車遊行、近二千人參加的全僑聯誼餐舞會、華裔小姐選美、馬拉松運動賽……。秘魯總統藤森聯同外交部長簽署紀念華人移民秘魯一百五十周年活動的最高行政令。華裔總理許會（Víctor Dionicio Joy Way Rojas）及華裔國會議員十數人均多次參加僑界各項紀念活動。許會（Víctor Dionicio Joy Way Rojas）總理在集會中宣布：全秘魯二千三百萬人口中，含有中國血統的華裔達二百萬人之多。

許會（Víctor Dionicio Joy Way Rojas）總理的宣布是有其根據的，因為華僑移民秘魯始於一八四九年，迄今已有一百五十年的歷史。當一八二一年秘魯脫離西班牙統治獨立後，從事經濟建設，其時地廣人稀，秘魯人口尚不足二百萬，大都是純粹或混血的印第安土著，工作效率甚低，不足以供應開發之需，勢必須由國外移入勞工。一八四九年由於兩大資本家艾利亞斯（埃利亞斯，Domingo Elias）和羅得里格斯（羅德里奎，Juan Rodriguez）的奔走呼號，終於在該年十一月十七日在國會通過了一項移民法，因其主要目的在介紹我國人來秘魯，故一般人稱之為「華人法」（Chinese Law）。該法獎勵介紹十歲至四十歲的勞工來秘魯，每人給予獎勵秘幣三十金元，且允許艾、羅二氏在四年期內有介紹勞工的特權。

當時中國適值發生太平天國反抗清廷的戰爭（自一八五〇年起至一八六四年止），西南各省戰禍甚烈，民不聊生。壯年人多思出國謀生，秘魯歡迎華工的消息由港澳傳入，於是大批華工至秘。據曾久居中國的美國學者威廉氏（衛三畏，S. Wells Williem）記載：「當時出國的多是廣東、福建二省沿海各縣的人民，自一八五〇年至一八七五年出國的約三十萬人……。」又據秘魯人波哈（Cesar Borja）在一八七七年所著「中國移民」一書所載，自一八五〇年（道光三十年）至一八五九年（鹹豐九年）抵秘華工為一萬三千人，此為最初階段抵秘魯的華工。再據美國駐秘魯公使赫貝氏（吉布斯，Richard Gibbs）一八七四年（同治十三年）呈美國國務院之報告稱：「據所獲可靠資料來源，自一八六〇年至一八七四年來秘華工，除途中死亡者不計外，為數八萬六千六百九十二名」。加上第一階段移民秘魯華工，總共當在十萬之數。

當時出國華人，由於知識水準低，對外瞭解不夠，幻想出國即是去「金山」，不考慮真正去處。實際上一部分到美國加利福尼亞、舊金山及澳洲一帶做「自由勞工」，而另一部分即被誘騙到中南美洲的古巴、墨西哥、秘魯、巴拿馬等地。實係以「賣豬仔」方式被騙賣身充當奴工者，至秘魯華工即是屬後者。華工至秘魯大多被分配至秘北農場做苦工，亦有在沿海和島嶼上從事開掘鳥糞層者，亦有從事建築鐵路、公路及其它各項建設者。華人初到秘魯生活習慣不適應，氣候濕熱，缺乏營養，又工作過度，多患疾病，死亡率很高。在農場工作者因遭土著歧視嫉妒而毆鬥，流血事件時常發生。由於種種虐待情形，引起秘魯社會人士批評，攻擊政府和地主者日甚一日。秘魯政府於是在一八五六年三月六日廢除「華人法」。但由於美國南北戰爭發生，世界棉價大漲，給了秘魯一個極好的機會。又因各方對勞工的迫切需要，到一八六一年一月十五日秘魯國會再恢復「華人法」。其後華工因不堪虐待曾為反抗農場主人之暴虐，有組織地組成千人的部眾與當地軍警衝突。雖然失敗死傷數百人，但秘魯社會上反對者批評更激烈；同時秘魯政府也為顧及國際聲譽，於是逐年頒布法令，改善華工待遇。

秘政府也希望中、秘兩國間訂立正式條約，以規定中國人民自由移民來秘，希望訂立船行互惠的章程，讓移民及貨運不致受阻。於是在一八七三年派全權代表格拉西亞（Navy Captain Aurelio Garcia Garcia）率領代表團，先赴日本再轉至中國，請訂條約。格拉西亞於一八七四年到達天津，請訂友好通商條約。清廷特派李鴻章為全權欽差大臣，李對格拉西亞非常冷淡，提出聲明：應先由秘政府查明華工在秘受虐情形，並提出善後辦法，始與接談。格拉西亞多次解釋，並出示秘政府屢次所頒改善華工待遇的法令；更托請英、美駐華外交使節說項，終於在一八七四年六月二十六日（清同治十三年）訂立了《中秘友好通商條約》，於一八七五年八月七日在天津互換批准書。中秘互相友好通商；兩國人民自由來往遊歷，或貿易傭工久居。在條約內並規定兩國互派政府代表及領事官員，敦睦邦交，保護僑民。自此我國移秘僑民生活才由陰暗漸趨光明。

一八八二年清廷派欽差大臣鄭藻如駐節秘京利馬。鄭公藻如建議華僑組織團體以增強合作互助，因之成立「中華通惠總局」以通商惠工，辦理華僑福利慈善事業為宗旨。至今中華通惠總局董事室中仍高懸一八八五年七月總局建成舉行落成典禮之日，鄭公使所題之：「光祿卿鄭公藻如，奉命來使秘魯，駐節之始，諮悉華民至此，垂四十年，散處各地，其數六七萬計……」及「通商惠工」四個大字的橫匾。此為旅秘僑胞有正式全僑組織之始，至今已有百多年歷史了。現今華裔已系第四、五代了，秘魯華裔達二百萬之數應是正確的估算。

有華裔達二百萬人的秘魯，原系印加大帝國的中心。造就印加帝國的就是QUECHUA蓋屈瓦族印第安人。而今全世界的人類，幾乎沒有一個人不拜受印第安人文明之賜的。所以有人說：「當你抽著香煙，喝著可樂，吃著鳳梨、花生米、爆米花，坐著平坦舒適的汽車或摩托車的時候，可曾想到這都是印第安人的功績嗎？」因為我們現在製造汽車輪胎的天然橡膠，以及日常生活所必須的玉米、馬鈴薯、南瓜、花生、番茄、地瓜、胡椒、鳳梨、可哥、煙草、棉花、扁豆等菜蔬雜糧，都是印第安人所賜。治瘧疾的聖藥「金雞納」也是源出秘魯的安地斯山中。而「奎寧」（Quinine），是印第安蓋屈瓦族人的土語。

西班牙人殖民秘魯後，容易生長的玉米、花生、馬鈴薯、地瓜傳入了菲律賓、澳門等地再傳入我國臺灣、兩廣、福建各地大量生長，因此解決了中國人的「吃」的問題。這也是歷來中國人口均在數千萬之數，而至明朝末年間人口忽然增加上億的主要原因。在此其間，移民秘魯華人也把中國原產的桃、李、杏、各種蔬菜傳入秘魯，而把秘魯原產地的農作物傳入家鄉，促進中秘文化交流，其貢獻功不可沒。

捌、南美的古文明——印加文化

一、前言

「拜山儂」（Paisano）這個西班牙文單字的中文意思是同胞或鄉親。在秘魯的外僑雖然很多，但是「拜山儂」（Paisano）是秘魯人專對華僑華裔的暱稱。中秘兩國人民之間早已有了往來，兩國正式的關係也可以追溯到一百多年前；在西元一八七四年清同治十三年，滿清政府已與秘魯訂立了《中秘友好通商條約》。現在旅居秘魯的華僑華人的總人數已發展到約一百三十萬人，其中土生華裔或混血華人後裔約一百二十萬人。他們大半都住在秘京利馬附近，其餘分散至全秘各地，幾乎每一地區都有華人足跡。華僑做人處事謙善勤奮，和秘魯人和睦相處，如同家人，秘魯人因此也另眼看待華僑，稱之為「拜山儂」（Paisano）。

秘魯全國人口三千一百萬左右，其中混血占百分之五十，白人占百分之二十，其餘百分之三十是土著印第安人。這些土著的印第安人他們真是我們中國人的「拜山儂」（Paisano）。雖然習慣上大家把印第安人稱為「紅種人」，實際上人類學家把他們和我們中國人一樣隸屬於「蒙古人種」；稱之為「美洲蒙古人種」。印第安人和中國人一樣，除了膚色略呈褐紅色外，也有直長的黑髮，高聳的顴骨和疏落的體毛。所以我們中國人和美洲的印第安人確實是鄉親。

二、印第安人進入美洲的時間和路線

然則，我們這些鄉親怎樣流落到美洲的呢？大概是在三萬七、八千年前，他們循亞、美二洲之間的唯一狹窄通道——「白令海峽」（Bering Strait）進入美洲。他們為了覓食，追蹤野獸，無意間闖進了美洲。因受獵獲物分配的限制，每一狩獵隊伍的人數當然不能太多；而且他們各有其生活習慣、語言和禁忌；彼此之間沒有聯絡，到了美洲之後又各自謀生，少有來往，覓地定居後，慢慢的就形成了各個不同的種族，自成部落。

北美的印第安人長得比較健壯高大，中南美洲的就比較矮小文弱。他們身材的高矮，體格的強弱不同，生活方式也非常懸殊，文化程度高低也就大不相同。如果我們一說到印第安人，大家就想到以美國西部電影中騎馬奔逐的「紅番」為代表，那就失之武斷了。

秘魯的印第安人就是屬矮小斯文的一類，但是他們卻創造了光輝燦爛的印加文化（Inca），建有印加大帝國（Tawantinsuyu）。這個帝國版圖，南北長達三千五百英里，除擁有今日秘魯的全境外，連北邊的厄瓜多爾，南邊的智利都包括在內；此外玻利維亞的一半，阿根廷的西北部也都是帝國的領土。帝國所屬人口，達七百萬之眾。印第安人在全美洲各地創造了具有代表性的三大系統文明。一、馬雅文化（Maya）；二、印加文化（Inca）；三、阿至泰文化（Aztec）。印加文化的中心就在今日秘魯東南，位於高出海平面一萬一千英尺的「安地斯」高原地帶（Andes Mountains）「庫司穀」（Cuzco）地方。

三、秘魯印加文化發展的環境

沿太平洋的秘魯西海岸算起，秘魯分為三個不同形狀的地帶：第一線是一條「沙漠走廊」，最寬處不足九十英里，卻有一千四百英里長。第二線就是縱貫南北的「安地斯山脈」（Cordillera de los Andes），其最高峰「瓦斯卡蘭峰」（Huascaran）高達海拔二萬二千二百英尺。該山地險峻異常，易守難攻，所以印加人選擇這裡作為他們龐大帝國的根據地。第三線就是在安地斯東側「亞馬遜河流域」（Río Amazonas）的熱帶雨林區。該區平均高度低於海拔一千英尺，氣候悶熱，不適宜人類居住。但其面積占全國一半有奇。

照理說，凡是沙漠地帶，應是乾燥缺水，寸草不生。但是秘魯卻得天獨厚，在這一千四百英里長的沙漠走廊上，點綴著一條斷斷續續的「綠洲帶」。秘魯有八百多萬人口的首都「利馬」（Lima）和第一大港「介休」（卡亞俄，Callao）都處在這條沙漠走廊上。事實上，這些沙漠綠洲就是秘魯全國人口最密集之地。原來，縱觀在秘魯境內的安第斯山脈（Cordillera de los Andes），其高峰積雪不斷向下崩落融化，形成許多斷崖澗道，激蕩的澗水由高而下，匯合成六十條河川，穿過沙漠，注入太平洋中。早在五千年前，此地的印第安人就鑿渠開溝，引水灌溉，改沙漠為良田了。四千多年前，他們已能栽種南瓜、扁豆、地瓜、煙草、土豆、番茄、棉花、玉米、花生等雜糧蔬菜，其農耕生活已經相當進步。原先各部族的禁忌，已演化成了宗教信仰，建有各種大神殿。由於沙漠氣候終年少雨，所以建築的主要材料是用堆積曬乾的泥磚為牆，並在牆上、地板上，塗上黏土。三千五百年前左右，已開始製造陶器，技術已高度發展。也有了冶金的技術。在此期間，秘魯北部海岸形成了「莫祈嘉」文化（莫切，Mochica）、「契姆」文化（奇穆，Chimu）；南部海峽形成「納斯佳」文化（納斯卡，Nazca）、「巴拉嘉斯」文化（帕拉卡斯，Paracas）；近海高地形成「奇溫」（查文，Chavin）和「狄亞瓦納格」文化（蒂亞瓦納科，Tiahuanaco）。這些文化頗富地域色彩，從他們製造的陶土器上，專家們一眼就可以斷明所屬。

四、印加帝國的形成及崩析

印加文化最可惜的是沒有發明文字，先結繩記事再用象形圖畫。因此其部族的歷史沒有正確的文字記錄；好在西班牙人對印加各代國王的傳說，曾詳加整理，現在我們才有脈絡可尋。根據傳說，太陽神的子孫，來自庫司穀（庫斯科，Cuzco）南方安地斯山地洞窟的「蓋屈瓦族」（克丘亞，Quechua），在其酋長「曼科・卡派克」（Manco-Capac）領導下，進佔庫司穀（庫斯科，Cuzco）河谷一帶立國。從第六代國王「印卡・羅卡」（Inca-Roca）開始向外發展，漸漸統有今日秘魯全境。第九代國王「帕查庫特克」（Pachacutec）繼位後，又大力拓展疆土，整頓京城庫司穀（庫斯科，Cuzco）的市容及耕地外，並確立祭儀，訂立陽曆。就是他，消滅了北海岸的「契姆帝國」（奇穆，Chimor），所以帕查庫特克（Pachacutec）王是印加諸王中承先啟後據有重要歷史地位的一個大王，印加帝國逐漸形成。第十一代皇帝「圖派克・尤潘基」（Tupac-Yupanqui）出兵征服了今日厄瓜多爾一帶，又向南征，將今日智利也併入了帝國的版圖。他又在庫司轂（庫斯科，Cuzco）建築城池，創建了印加大帝國的行政機構。第十二代印加皇帝「瓦伊納・卡派克」（Huayna-Capac）（約西元一四九三年至一五二五年在位）攻入今日哥倫比亞南部，因患熱病，逝於今日厄瓜多爾的首都「基多」（Quito）。他的兩個兒子「瓦斯卡爾」（Huascar）在庫司轂（庫斯科，Cuzco）即位；「阿塔瓦爾帕」（Atahualpa）（西元一五二五年至一五三三年在位）在基多（Quito）自立。印加帝國一份為二，兄弟鬩牆，同室操戈，血戰數年，弄得這個統一的大帝國分崩離析。最後「阿塔瓦爾帕」（Atahualpa）雖然打敗了他的兄弟，勉強取得皇位，但在山河破碎之秋，西班牙浪人「法蘭西斯克・皮薩羅」（Francisco Pizarro）從巴拿馬進軍，由秘北「通貝斯」（Tumbes）登陸後，乘虛而入，直撲「阿塔瓦爾帕」（Atahualpa）駐紮的陪都「客哈麥卡」城（卡哈馬卡，Cajamarca）。在犀利的火器掃射下，把四千多的印加貴族武士屠殺了。「阿塔瓦爾帕」（Atahualpa）皇帝只有束手待縛，成了皮薩羅（Francisco Pizarro）的階下之囚。

秘魯盛產金銀名聞於世。至今西班牙還用「值一個秘魯」這句成語來形容某件事物的貴重。皮薩羅（Francisco Pizarro）在巴拿馬多年，早就聽聞了有關印加帝國金銀山積，取用不盡的傳說。他俘虜了印加皇帝後，用綁匪的手段，提出勒索條件，要印加人用黃金堆滿阿塔瓦爾帕（Atahualpa）的牢房，另外還要裝滿兩個房間的金銀作為贖金，而印加人為了想贖回自己皇帝的自由，不惜接受魔鬼的條件，連太陽神廟頂上的七百塊金板也拆了下來，無數金銀鑄成的鳥獸、魚蟲、玉米、鳳梨等各色藝術精品，也從全國各地翻山越嶺的運到了喀哈麥卡城，繳給了西班牙綁匪，由他們改鑄成金條銀磚運回其本土。當印第安人如約繳清了贖金之後，狠毒的皮薩羅（Francisco Pizarro）深怕縱虎歸山，又想出了一個苛刻的辦法——斬草除根；他命令阿塔瓦爾帕（Atahualpa）放棄自己信仰的「邪教」，改奉「天主」，否則，叫他屍骨無存，靈魂進不了太陽神殿。阿塔瓦爾帕（Atahualpa）只有含淚受洗。而皮薩羅（Francisco Pizarro）則因功升官晉爵，在「利馬」（Lima）開府，成了印加帝國的太上皇——秘魯總督。在秘魯民間至今仍有傳說，當西班牙人在印加子民呈獻贖金後又絞殺了「阿塔瓦爾帕」（Atahualpa）皇帝，當時還有一條成千斤重的金條鏈在運送途中，得到皇帝被絞殺的消息，印加人悲憤哀傷之餘，怒將該金條鏈沉在某一深山湖泊中，不讓西班牙人享有，秘魯人至今還希望有朝一日能尋出這個寶藏呢。

五、失落的城市——馬丘比丘（Machu Picchu）

印第安人，對綁殺他們皇帝又四處搜索金銀奴役他們的侵略者，雖然深惡痛絕，但是敢怒不敢言，只能作消極抵抗。從西元一五三三年法蘭西斯克・皮薩羅（Francisco Pizarro）摧毀了印加帝國之後，一直到一九一一年為止，在這三百七十八年之間，所有南美洲的白人，幾乎沒有一個人知道就在古印加帝國的首都庫司穀（庫斯科，Cuzco）數十英里外，隱藏這一座偉大的印第安人建築——「馬丘比丘」（Machu Picchu）古城。如今，「馬丘比丘」（Machu Picchu）和亞洲柬埔寨的「吳哥窟」齊名，同為世界觀光勝跡。「馬丘比丘」（Machu Picchu）蓋屈瓦語（克丘亞語，Quechua）的原意是「老峰」。安地斯山脈雄偉險峻，隱藏在大峽穀中的「馬丘比丘」（Machu Picchu）古城雖然高達海拔八千八百英尺，但是由於秘魯境內的安地斯山脈的群峰大都在上萬英尺以上，因此從任何一個方向前往「馬丘比丘」（Machu Picchu）古城，都要向下盤旋，越過重重天險，因此這個古城竟能隱藏了三百七十八年之久才被白人發現。美國歷史學家海恩・賓漢（Hiram Bingham）在一九一一年七月間經印第安土著的嚮導，歷盡艱難終於發現了這個與世隔絕的古城。海恩・賓漢（海勒姆・賓厄姆，Hiram Bingham）他曾先後六次遊歷南美各地，當他的名著「失落的城市」一書問世後，「馬丘比丘」（Machu Picchu）古城之名也隨之傳揚於世。

「馬丘比丘」（Machu Picchu）古城是印加帝國的大城之一，它不但負擔保衛首都庫司谷的重任，在宗教方面也必定還有其更神聖崇高的任務。從「馬丘比丘」（Machu Picchu）古城向下俯視，一條急流環繞在山腳下；兩座插天的高峰上都建有哨兵的石屋和瞭望塔。由山腰直達山頂有一條巨大石塊鋪砌而成的梯形石路。城內有殘存的石屋數百幢，在諸多石質建築中，最臻上乘的是神廟；其建築手法的佳妙可稱得上是鬼斧神工。著者三次遊覽「馬丘比丘」（Machu Picchu）古城，印象十分深刻。

印加時代既沒有炸藥，也沒有鋼鐵工具，石工們完全憑一雙手和一些青銅工具，把數噸重的大石塊，一塊塊的堆砌建成神殿。其接榫之處不用三合土，當然也不用水泥，事實上根本就是沒有任何黏合劑。硬是將一塊塊巨石銜接嵌合而成，直到如今即使我們想用一根針插進其石縫中去，也都非常困難。城中的供水系統也值得一談；水是從一英里外的源頭，用石渠引入城中的。再用無數分歧複雜的支渠引入大街小巷的各個蓄水池中，印加人再用陶罐將水運回家中石製的水槽中備用。這些工程中最偉大的應該是印加石梯田。在古城外向陽的山坡上，印加人用巨石堆起一層層高低不一的平臺；再在每層四面圍有石牆的平臺中，填滿從大峽穀搬運上來的沃土，如此造成了石梯田。印加農民就在這些石梯田裡種植了土豆、玉米、扁豆作為他們的糧食，飼養著和他們生活密切的駝羊駱馬。我們可以想想當年每一塊梯田要耗費多少印加人的血汗。從「馬丘比丘」（Machu Picchu）這座古城的蹤跡中，我們就可以看出當年古印加帝國其政經文化高度發達的梗概了。

六、亞非古文明對美洲印第安文化的影響

這些早年由亞洲遷徙到美洲的印第安人，在兩萬五千年前，當冰河消失，白令海峽（Bering Strait）割斷了亞、美二洲後，在哥倫布發現新大陸之前，他們是否與我們隔斷了關係呢？是否印第安人的古文明完全土生土長獨立發展出來的呢？人類學家對這個問題，意見分為兩派：一派是「散布論者」，他們認為在西元一四九二年之前，印第安人已接受大洋彼岸的文化影響了。一派是「孤立論者」他們否定散布論者的見解。挪威人類學家兼探險家「托爾・

海雅達」（索爾・海爾達，Thor Heyerdahl），他在南太平洋法屬馬灰攝斯群島（馬克薩斯群島，Îles Marquesas），發現了許多古物；也從土著口中聽到許多傳說，跟秘魯古代流傳下來的非常相像。

因此他相信上古的南美印第安人可能早已有了遠渡太平洋的壯舉。他又發現，北美的印第安人在哥倫布到達新大陸的時候，他們還過著原始的游牧生活；而在南美跟北美印第安人同出一源的達米亞人有與古埃及相類似燦爛文化。舉例來說：這些印加人也跟古代埃及醫生一樣，懂得施行頭部圓鋸的手術，而歐洲的醫生在哥倫布死後許多年，還不懂得施行這種手術。托爾・海雅達索爾・海爾達，Thor Heyerdahl）認定古代非洲的文明對南美的印第安文化一定有很大的影響，兩地的人民也早有了往來。

此外，有許多證據顯示在哥倫布到達新大陸之前，早已有中國人、日本人、希臘羅馬人、維京人等亞、歐、非洲的人到達了美洲。例如：中國高僧慧深在齊永元年間（西元四九九年）曾描述過他所漂流到在中國以東二萬餘里地方的情形。他所形容的那地方的風俗習慣與墨西哥及中美洲古文明，特別與馬雅族伊薩斯部落的風俗習慣非常近似。考古學家又曾注意到伊薩斯人的金字塔型神廟和柬埔寨的佛寺有明確相似之處。考古學家在厄瓜多爾發現古日本陶器；一九三零年代初期，一個探勘金礦者，在加拿大安大略省尼皮岡湖（Lake Nipigon）附近的墓穴中發現了古代北歐的刀、盾和戰斧；美國維基尼亞州一處農莊，掘出的鐵器，其製法和古希臘羅馬的鐵器極相似；就在這些鐵器下麵所掘得的青銅杯和義大利龐貝古城廢墟中出土的杯子幾乎一樣。以上這些例子都可顯示美洲印第安人的文明不是孤立的、和亞、歐、非三洲的文明有相當的聯繫。

在秘魯根據由地下掘出來的各種古物，一些歷史學家及考古學家，他們也認為華人早已到了秘魯。西元一八六五年在秘北「道禧玉市」（特魯希略，Trujillo）掘出一座金屬女像，她腳踏龜蛇，像邊並刻有「或南田井」四個漢字。據德國考古學家荷西・金密契（Jose Kimmch）經考據後，證明是中國古物，且以埋藏在地下達千年以上。一八六六年秘魯工程大學教授戴多利哥・俄拉契阿（泰奧多里科・奧拉切Teodorico Olaechea）在秘魯「衣佳」市（伊卡，Ica）附近的田莊發現一具木乃伊屍體。該木乃伊據俄拉契阿教授研究已有千年以上的歷史，並在其旁邊發現一陶盒，盒上有「本日」及「廿日」四個漢字。一八六七年一月二十四日秘京利馬"El Nacional"報曾為這個木乃伊發表了專評，肯定中國人早已到達秘魯。該報居然還指稱：「直到一八六六年止，秘北仍有能操華語，過著中國傳統生活習慣的土著。他們均為上古遺民；且早在印加王朝之前即已遷徙來秘魯者。而木乃伊旁邊又發現記事的『結繩』，這就是史前中國的『結繩記事』的史跡。而今日秘魯的土語『Qipus』一詞所指即是「『結繩記事』，亦即華語『記背』二字的發音，指用結繩的方法，代表文字以利『記憶』與『背誦』。足證明秘魯歷史在初期即已受中國文化影響，更足證華人抵秘之早」云云。一九零八年利馬地質學會，受到「法蘭巧」（Frachia）夫人送來的陶器花盆一件，高十二英寸，寬十四英寸。該陶器上有漢文「天」字。這件陶器是在秘南「納士加」（納斯卡，Nazca）田莊掘出者，經考證也有一千數百年的歷史。一九二三年秘魯歷史學家法蘭西斯哥・羅亞沙（Francisco A.Loayza）在秘魯Larco Herrera博物館中，發現畫有中國八卦的陶器。據羅亞沙君稱：「這無疑是中國物品，早在千百年前流傳至秘魯者」。該陶器現仍保存在「利馬國家博物館」中。該陶器的編號是一四七零號。

由以上種種的發現，可以看出我們印第安鄉親遷徙至美洲後，並沒有對外完全斷絕關係。其文化的發展曾受到亞非文明相當的影響。但是令我們不解的是，為什麼印加文化如此發達，卻沒有文字？印加帝國的交通網是如此的周密，為什麼沒有車子？只靠人力駝羊駱馬載運物品。照說，亞非古文明若對印加文化有很大影響的話，「文字」、「車子」這些對人類有重大貢獻的發明，為什麼沒有傳給印加人？這豈不令人費解嗎？希望日後我們能找出更切實的證據，進一步證明我們的「拜山儂」（Paisano）——美洲印第安人，和我們之間血濃於水的關係。

七、印第安人對世界文明的貢獻

近日全世界的人類，幾乎沒有一個人不拜受印第安人文明之賜的。所以說：「當你抽著香煙，喝著可樂，吃著鳳梨、花生米、爆米花，坐在平坦舒適的汽車或摩托車上的時候，可曾想到都是印第安人的功績嗎？現在製造汽車輪胎的天然橡膠，以及日常生活所必須的玉米、土豆、、南瓜、花生、番茄、地瓜、胡椒、鳳梨、可哥、煙草、棉花、扁豆等菜蔬雜糧，都是印第安人所賜。治瘧疾的聖藥「金雞納」（Cinchona）也是源出秘魯的安地斯山中。而「奎寧」（Quinine）這個詞，是印第安蓋屈瓦族（克丘亞，Quechua）人的土語。蓋屈瓦族（克丘亞，Quechua）印第安人也就是創建印加大帝國的那一族人。

玖、僑務就是秉持忠誠勤和之心服務僑胞

中華民國政府一向對僑務工作十分重視，所以有「僑務委員會」這個特別的政府組織，這是其他國家所沒有的。華僑對　國父孫中山先生領導的革命，對中華民國的成立，貢獻太大了，所以特別成立僑務委員會服務僑胞，這是中華民國特別的國情。有人認為應當裁併僑委會，這是短視，昧於事實，我們不敢苟同，相反地我們更要發揮僑委會特殊的功能服務僑胞。

我是在民國九十一年（二〇〇二年）四月在僑委會申請自願退休的，隨即到上海籌辦「上海立達職業技術學院」；十三年來這所民辦的大專院校，學生已達五千一百餘名，教職工三百多人。是上海市十三所民辦大專院校中名列前茅的大專院校。如今，我在臺灣的時間更多了，上海又有居處、長子孫子女住在瑞典、次子小孫子住在秘魯，所以我常笑告親友我和內子是「四處為家」……現在是真正以退休老人自居，過著愜意逍遙的日子。近日還集〈長樂歌・醒世詠〉之句，以自況退休生活，並告至親好友：

人生七十了無牽，自在逍遙似散仙。
看透世上浮沉事，滄海桑田轉眼間。

榮華富貴曇花現，恩怨是非驟雨翻。
得失有無休計較，生老病死奈何天。
能吃能動便是福，明月清風任我貪。
知足常樂古明訓，無愧我心晚節全。
到處隨緣延歲月，終身安分度時光。
天下興亡後生事，吾責已盡心坦然。

老長官陳士魁委員長，老同事呂元榮副委員長，邀我和各位談談僑務心得。我從事教育工作一向秉持「善待學生，尊敬教師」的原則，我認為辦僑務一樣，要把握「尊敬僑胞，善待僑胞」這個要點，才能把僑務工作做好。人是社會的動物，每個個體都有其獨特的思想、背景、態度、個性、行為模式、個人的價值觀，而「溝通」是僑務工作中非常重要的一環。這是我們與僑胞傳遞情感、態度、實情、信念、想法的過程。僑界「哥情嫂意」如何擺平？這是我們僑務工作的一大課題。

「忠、誠、勤、和」是我籌辦的「上海立達職業技術學院」的校訓，也是我擔任董事會董事「臺灣醒吾科技大學」的校訓。我想用這四個字來談談從事僑務。

一、忠：忠以持志

古代君子要忠君愛國，堅持其志一以貫之。現代人一樣要能忠誠為國、忠於職守、凡事要盡心盡力，對人民、對事業、對家庭、對長官、對朋友都當盡心盡力。歷代忠貞之士不勝枚舉，僅舉以下五例作為我們對忠以持志的榜樣。

漢武帝時蘇武出使匈奴被羈留十九年。被囚禁在北海「貝加爾湖」牧羊，他始終不降敵，直至漢昭帝始元六年（西元前八十一年）榮返長安。

宋代岳飛精忠報國，被奸相秦檜夫婦所害。天理昭昭，如今到杭州岳王廟參拜，人人對岳武穆肅然起敬，而秦檜夫婦等白鐵鑄像跪在岳王墓前遭人唾罵。一如岳王墓前名聯所說「青山有幸埋忠骨，白鐵無辜鑄佞臣」。

宋末忠臣文天祥浩然正氣，「人生自古誰無死，留取丹心照汗青」，毀家救國，兵敗被俘。元世祖忽必烈愛其忠，惜其才，一再勸降，歷經四年不為所動，一心求死。文文山是宋理宗寶佑四年（一二五六年）的狀元，又曾任相職，在民間很有號召力，對元廷統治中原相當不利。元世祖不得不殺他。行刑時忽必烈心有不忍，又「發詔使止之」但是，已經行刑了。元世祖十分惋惜地說：「好男子，不為吾用誠可惜也！」

明末南京兵部尚書史可法，在吳三桂領清軍入關後，明知勢不可為，仍然堅守揚州。清豫親王多鐸兵圍揚州，多爾袞致書勸降，史忠靖流芳百世的〈復多爾袞書〉以明其志誓死不降。

紅衣砲毀了揚州城，史可法自刎為部下所救，史公大呼「我史督師也！」被俘。多鐸一再勸降，堅拒不從，壯烈就義。揚州血戰，清軍死傷甚重，多鐸惱羞成怒，屠城十天，數十萬漢人被殺，這就是歷史上有名的暴行「揚州十日」。

上海盧灣區新天地，現在的北京市各有一條「自忠路」，是紀念近代八年抗日戰爭中，為國犧牲的張自忠將軍的一條道路。他原在華北奉命與日寇虛與委蛇，為國家爭取抗日時間，不明事理者，冠以「漢奸」汙名。張將軍引為奇恥大辱，決心殉國以雪奇恥。在棗宜會戰中，身先士卒在南瓜店被日軍包圍，力戰不屈，身中六彈殉國，隨他出征將士無一降敵，全都壯烈成仁。我國八年抗戰中，張將軍是唯一殉國的上將，也是二次大戰中盟軍唯一犧牲的上將。

以上略舉五位我國歷史上忠以持志的民族偉人，作為我們從事僑務工作的學習效法的榜樣。

二、誠：誠以待人

誠就是真，所謂真誠、誠信、誠心、誠實……「不誠無物」，僑務工作，切莫敷衍，真心實際地為僑胞服務，僑胞一定會身受感同，如此才能把僑務工作做好。前面提及的宋代大忠臣文天祥，我收藏了他一幅親筆書寫的中堂拓本，內容是：「上事於君，下交於友，內外一誠，終能長久。敬父如天，敬母如地，汝之子孫亦復如是。」我的兩個兒子都在秘魯出生，小學、中學都就讀於僑校「秘魯中華三民聯校」，高中畢業後，分別回國就讀於政大、臺大。再到英國倫敦政治經濟學院、倫敦商學院，澳洲昆士蘭大學分別獲得碩士學位。在繈褓中就教他們背誦高掛在家中的這幅中堂，如今他們都是事業有成，有兒有女的人了，文天祥的教晦還是朗朗上口，不敢或忘。忠孝傳家內外一誠，是我們中國人傳統文化的精髓，也是期盼子孫的一致要求。

有個故事：家裡老人大概是得了帕金森氏症，常常摔壞飯碗。媳婦用粗糙的木碗給老人用餐。不久為母的看到年幼的兒子用刀刻木，問他做什麼？兒子說製碗，供媽媽年老吃飯之用。這說明瞭身教的重要，人生數十年，你如何對待父母，子女都看在眼裡，記在心中。你老了，子女就如同你對待父母般的對待你，這是「現世報」，這就是「汝之子孫亦復如是」的道理。我們如何對待僑胞，僑胞就如何對待我們，道理是一樣的。

東漢名士楊震，調任東萊太守，路過昌邑縣，縣令王密，是他在荊州刺史任內舉薦的茂才，聽到楊公路過，晚上悄悄帶了黃金十斤做禮物，拜訪老長官。一方面對他以往舉薦表示感謝，同時也希望老長官日後多加照顧，楊震嚴詞拒絕。王密說：「幕夜無知者」，楊震答稱：「天知，神知，我知，子知，何謂無知？」，王密狼狽而去。「四知」，乃成了千古美談，楊姓堂號「四知堂」，即是其後人以此典故而設者。各位如果到杭州，去紅頂商人胡雪巖創辦的「胡慶餘堂」中藥行參觀，看到堂中高懸著胡對同仁、家屬要求講究誠信「戒欺」的大匾額。而「修合無人見，存心有天知」，這是楊震後人楊其賢創辦「四知堂藥酒」，手書以警示後人的一副對聯。大陸電視劇「大宅門」，刻畫主角白景琦，還借用了這個典故，成了家喻戶曉的一個故事。

三、勤：勤以治事

天道酬勤，勤能補拙。勤勞、勤奮、勤儉、勤快……勤就是盡力而為，不斷地學習，中國人相信「大富由天，小富由儉」。儉是消極地節約，勤則是積極地創造。勤於工作，僑務工作要多用心，多用腳，勤以治事，不能只坐在辦公室裡，等僑胞上門，勤奔走，下基層，則功不唐捐。

創設臉書Face Book的馬克祖克柏（Mark Zuckerberg）在讀高中時，他已有了「臉譜網」的想法，上了哈佛創設了臉書。由於他和他的團隊，勤於工作，掌握了風潮，臉書擴及全球。二〇一二年美國時代雜誌，即評選他為風雲人物，目前用戶超過三十億，市值七千零壹十六億美元。馬克祖克柏二十八歲時，已擁有兩百億美元的身價了。他娶了個越南華裔妻子，至今勤於工作，而生活儉樸。

中國人常說：「富不過三代」。豪富之家，如果溺愛子女，不重視教育，第三代紈袴子弟，不知勤儉為何物？把家業很快就給敗了。參透人生，深明此理的富人，例如：比爾蓋茲、巴菲特、福特、洛克菲勒……早早決定，在他們生前或故世，將百億財富捐作慈善事業之用，取之於社會，用之於社會。他們的子女，反而都能自行奮鬥成材，這些富豪才是卓有遠見，令人欣賞欽佩的大人物。他們是深明「天道酬勤」道理者。此所謂：「業精於勤荒於嬉行成於思毀於隨」！

四、和：和以處眾

和睦、和諧、和平、溫和、和樂、和藹、和氣，這些和字都讀ㄏㄜˊ。但是，這個字讀音特別多，曲高和寡，此和讀ㄏㄜˋ；打牌，牌成了，和了，此和是ㄏㄨˊ。我和你此和讀ㄏㄢˋ；和麵、和稀泥又讀ㄏㄨㄛˋ；二和藥是當量詞，讀ㄏㄨㄛ。難怪外國人說：中文真難學啊！

僑務工作，這個「和」字，特別重要。人際關係的要點是「溝通」，對人態度一定要誠懇，要有謙卑溫和的心。尊重別人的想法、看法，尋求共同的價值觀，要有鄭彥芬這位僑務界老前輩所說，僑務就是「服務」的人生觀，以服務僑胞，這才能促進和僑胞積極人際關係的成長。一個人理雖直，而氣太壯者必然僨事。因為對方覺得不受尊重，不跟你玩了！如果聽到的意見和自己的意見相左，令你發怒，那表示下意識裡你覺得自己沒有充分的理由，支持己見。如果有人說二加二等於五，你會覺得好笑，而你不會發怒。如果有人批評你，你不發怒，那表示你有充分的理由支持你的觀點。

有人對你說：《聖經》記載的都是耶穌基督、上帝的話語，絕對不會錯。如果你有正確的己見，你不必去爭辯。例如說：聖經上有關「諾亞方舟」的記載，上帝為懲罰人類的貪婪、不敬上帝，下了四十晝夜的暴雨，除了方舟上的人、獸、鳥、禽……世界上所有的生物全都淹死了。基督徒深信不疑。請你想一想：水中的魚呢？我們理直氣要和，基督教是一種宗教信仰，勸人為善，若以此立論，就懷疑聖經勸世的至大功能，否定人家的信仰，這是我們為人處世的正確態度嗎？

烏鴉中有一種較小的寒鴉，古人認為小鳥長大後，會反哺母鳥，對之十分稱頌，稱之為「慈烏」。唐朝大詩人白居易，在元和六年（八一一年）喪母，有感慈親逝世之悲，特別寫了一首〈慈烏夜啼〉之詩感懷：

〈慈烏夜啼〉

慈烏失其母，啞啞吐哀音。晝夜不飛去，經年守故林。
夜夜夜半啼，聞者為沾襟。聲中如告訴，未盡反哺心。
百鳥豈無母，爾獨哀怨深。應是母慈重，使爾悲不任。
昔有吳起者，母歿喪不臨。嗟哉斯徒輩，其心不如禽。
慈烏復慈烏，鳥中之曾參。

這一首《全唐詩》中收錄的白香山之詩，提到一位我國孝子的代表：曾子；一個不孝人物：吳起。曾參千古留芳，而吳起留下千古罵名。但是，傷感情的是，鳥禽專家的研究結果，根本不是寒鴉反哺，實際上是公寒鴉餵食母寒鴉以求愛。古人藉慈烏反哺之說，勸人行孝，寒鴉還得孝鳥之名。我們要瞭解這是古人勸孝的苦心，你又何必拿鳥禽專家知識，和人爭辯不休呢？

古人說：「話到快時留半句，理從直處讓三分」，有其道理。古人又說：「禮之用和為貴，德不孤必有鄰」。和為貴！人的一生快樂不快樂，不是你擁有的多，而是要計較的少；要看你擁有的，而不是看你沒有的。別人是百萬富豪，我有健康的身體；別人伉儷情深，我是子孫滿堂；別人官運亨通，我是快樂散仙……心胸寬敞，不事計較，那你一定活得自在舒適。人活的是「心情」，活得累，是因為左右你心情的東西太多，例如：天氣的變化、人情的冷暖、不同的環境，都會影響你的心情。如果我們灑脫點，凡事看淡點，天：無非陰晴；人：不過是聚散；地：只是高低。如果我們活得安然自在，那就會處變而不驚。你就會認為快樂的就去尋找、值得的就去守候、幸福的就去珍惜。依心而行無憾今生。如此，凡事「以和為貴」，而「德必有鄰」，必然得道而多助！

我們做人做事，要把「忠、誠、勤、和」這四個字放在心上，以此從事僑務工作，那一定會有絕佳的人際關係。如此，必能暢行天下；如若不然，則必寸步難行。

附錄一、詩——中華文化的一顆璀璨明珠

我根本不會作詩，但是詩是音樂性的文學，是我優秀中華文化文學寶庫中的一顆璀璨明珠。以極其精煉的文字抒發情感，引起共鳴，具有音韻、聲調、和工整對偶的格律；可吟、可歌、可唱，以抒情、以述懷，更可酬和交流，是我國文字特有功能的發揮。詩的作者從詩的運思造句，表現出其性格、心境、學識、觀點、襟懷。我們喜歡欣賞中國古詩詞的人，不一定都會作詩詞，但是常言說：「熟讀唐詩三百首，不會作詩也會吟」。多欣賞吟詠古今詩人們的佳作，用心品味，接受薰陶，一定會使我們思維豁達，心胸開闊，擴大視野。我們非常期盼大家珍視瞭解此一中華文化瑰寶。

我國詩仙——唐朝的李白，其詩意盎然、靈性充沛、佳句天成、傳唱千古。僅舉他作品的一例：

〈將進酒〉李白

君不見，黃河之水天上來，奔流到海不復回；君不見，高堂明鏡悲白髮，朝如青絲暮成雪。人生得意須盡歡，莫使金樽空對月。天生我材必有用，千金散盡還復來。烹羊宰牛且為樂，會須一飲

三百杯。岑夫子，丹丘生，將進酒，杯莫停。與君歌一曲，請君為我傾耳聽。鐘鼓饌玉不足貴，但願長醉不復醒。古來聖賢皆寂寞，惟有飲者留其名。陳王昔時宴平樂，鬥酒十千恣歡謔。主人何為言少錢，徑須沽取對君酌。五花馬，千金裘，呼兒將出換美酒，與爾同銷萬古愁。

此七言樂府應該是唐玄宗對李詩仙「賜金還山」後的大作。他的政治抱負不得伸展，胸中積鬱，而歲月流逝，如此不得意，因此只求一醉，以卻煩憂。但還是不失他樂觀進取的個性，因而發出「天生我材必有用，千金散盡還復來」的宣示。此詩我們雖然不一定能全篇背誦，但是其中很多名句耳熟能詳。朗朗上口的幾句是：「朝如青絲暮成雪。人生得意須盡歡，莫使金樽空對月；天生我材必有用，千金散盡還復來。古來聖賢皆寂寞，與爾同銷萬古愁。」這些名句深入人心，這就是李白的偉大，其詩的魅力。

父母希望子女瞭解親近中國文化，在孩子們三四歲時，就開始教授兒歌及簡短的五言、七言古詩律詩。

例如：

〈竹裡館〉王維

獨坐幽篁裡，彈琴復長嘯。
深林人不知，明月來相照。

〈**相思**〉**王維**

紅豆生南國，春來發幾枝。
願君多採擷，此物最相思。

〈**春曉**〉**孟浩然**

春眠不覺曉，處處聞啼鳥。
夜來風雨聲，花落知多少。

〈**靜夜思**〉**李白**

床前明月光，疑是地上霜。
舉頭望明月，低頭思故鄉。

〈**登鸛雀樓**〉**王之渙**

白日依山盡，黃河入海流。
欲窮千里目，更上一層樓。

〈回鄉偶書二〉賀知章

【其一】

少小離家老大回，鄉音無改鬢毛衰。
兒童相見不相識，笑問客從何處來。

【其二】

離別家鄉歲月多，近來人事半消磨。
惟有門前鏡湖水，春風不改舊時波。

〈涼州詞〉王翰

葡萄美酒夜光杯，欲飲琵琶馬上催。
醉臥沙場君莫笑，古來征戰幾人回。

〈楓橋夜泊〉張繼

月落烏啼霜滿天，江楓漁火對愁眠。
姑蘇城外寒山寺，夜半鐘聲到客船。

〈烏衣巷〉劉禹錫
朱雀橋邊野草花，烏衣巷口夕陽斜。
舊時王謝堂前燕，飛入尋常百姓家。

〈嫦娥〉李商隱
雲母屏風燭影深，長河漸落曉星沉。
嫦娥應悔偷靈藥，碧海青天夜夜心。

〈金縷衣〉杜秋娘
勸君莫惜金縷衣，勸君須惜少年時。
有花堪折直須折，莫待無花空折枝。

這些詩都是極好的題材，孩子們學會了可以終身不忘，從小就接受中華文化的薰陶對思維的發展一定產生很大的積極作用。

人到了青少年期，所謂少年輕狂，尤其是談戀愛了，那可就會「少年不知愁滋味……為賦新詞強說愁」了。在人生的這個階段，最喜歡欣賞而心有戚戚焉的應該是：

〈無題〉李商隱

【其一】

相見時難別亦難，東風無力百花殘。
春蠶到死絲方盡，蠟炬成灰淚始乾。
曉鏡但愁雲鬢改，夜吟應覺月光寒。
蓬山此去無多路，青鳥殷勤為探看。

這首詩真美、真感人、執著之愛、不渝之情、纏綿之思、淒切之苦、殷切之盼、表現得如此情真意切。你看「春蠶到死絲方盡，蠟炬成灰淚始乾。」這是多麼執著的愛啊！

【其二】

昨夜星辰昨夜風，畫樓西畔桂堂東。
身無彩鳳雙飛翼，心有靈犀一點通。
隔座送鉤春酒暖，分曹射覆蠟燈紅。
嗟餘聽鼓應官去，走馬蘭臺類轉蓬。

李商隱因為對愛情的狂熱追求，而陷入癡迷、惆悵、痛苦。雖然「身無彩鳳雙飛翼」，但是「心有靈犀一點通」。此詩千古流傳，精微無比。

〈錦瑟〉李商隱
錦瑟無端五十弦，一弦一柱思華年。
莊生曉夢迷蝴蝶，望帝春心托杜鵑。
滄海月明珠有淚，藍田日暖玉生煙。
此情可待成追憶，只是當時已惘然。

有人說此詩是李商隱悼亡之著。也有人說是他自歎身世，「此情可待成追憶，只是當時已惘然。」詩人道出了我們的心聲。

〈望月懷遠〉張九齡
海上生明月，天涯共此時。
情人怨遙夜，竟夕起相思。
滅燭憐光滿，披衣覺露滋。
不堪盈手贈，還寢夢佳期。

此詩從「天涯共此時」的明月，到「不堪盈手贈」的明月，以明月為媒，道出了對親人，對所愛之人的遙思懷念。

在民國初年，新文學運動興起，受到國外文學的影響，新詩因此風行。起步的白話詩或時至今日的某些所謂新詩，那跳躍的思維、隨意的觀點、表達的方式，常常令人莫名其妙，不知其所以然，實在不敢恭維。但是，新詩的作者仍不乏高人，其優美成熟的表達，自有文藝價值，令人敬佩。

胡適

偶有幾莖白髮，心情微近中年。
作了過河卒子，只能拼命向前。

〈偶然〉徐志摩

我是天空裡的一片雲，偶爾投影在你的波心。
你不必訝異，更無須歡喜。
在轉瞬間消滅了蹤影。你我相逢在黑夜的海上，
你有你的，我有我的，方向

你記得也好，最好你忘掉，在這交會時互放的光芒！

〈鄉愁〉余光中

小時候，鄉愁是一枚小小的郵票。我在這頭，母親在那頭。
長大後，鄉愁是一張窄窄的船票。我在這頭，新娘在那頭。
後來啊，鄉愁是一方矮矮的墳墓。我在外頭，母親在裡頭。
而現在，鄉愁是一灣淺淺的海峽。我在這頭，大陸在那頭。

從詩詞運思造句的思維、氣勢可看出作者的性格、心境、學識、觀點、襟懷。毛澤東的詩詞內容精深，意氣風發，氣勢磅礴，風格豪放。

〈沁園春雪〉毛澤東

北國風光，千里冰封，萬裡雪飄。望長城內外，惟餘莽莽；大河上下，頓失滔滔。山舞銀蛇，原馳蠟象，欲與天公試比高。須晴日，看紅妝素裹，分外妖嬈。
江山如此多嬌，引無數英雄競折腰。惜秦皇漢武，略輸文采；唐宗宋祖，稍遜風騷。一代天驕，成吉思汗，只識彎弓射大雕。俱往矣，數風流人物，還看今朝。

溫家寶國學根底深厚，他在歷次中外記者會上常常引用我國古詩文，表達對國家統一的心聲。例如：

〈德佑二年歲旦〉鄭思肖

力不勝於膽，逢人空淚垂。
一心中國夢，萬古下泉詩。
日近望猶見，天高問豈知。
朝朝向南拜，願睹漢旌旗。

〈題三義塔〉魯迅

奔霆飛熛殲人子，敗井頹垣剩餓鳩。
偶值大心離火宅，終遺高塔念瀛洲。
精禽夢覺仍銜石，鬥士誠堅共抗流。
度盡劫波兄弟在，相逢一笑泯恩仇。

中國的古詩詞太美了，其格律的平仄、韻律、對仗、疊用、排比之妙，不是其他外國文字能望其項背的，它是中華文化的瑰寶。

附錄二、秘魯僑教——僑社活動的回顧

秘魯總統藤森送親筆簽名照片

1970.03.15奉派至秘魯從事僑教，在松山機場送行的父母、親友、顧懷祖老董事長伉儷、建東、懷祐四哥、六哥兄嫂及醒吾的同事校友學生合影

1971年3月31日在我國駐秘魯大使館結婚，劉宗翰大使證婚

中華三民聯校師生每年慶祝雙十國慶舞龍舞獅

每年慶祝中華民國國慶在中華三民聯校向國父孫中山先生銅像獻花致敬

秘魯中華三民聯校忠孝閣落成典禮

中華三民聯校中學部第二十七屆畢業典禮

每年雙十節國慶駐秘魯代表處舉行慶祝餐酒會，館長劉佳豐大使和友人的合照

慶祝雙十國慶餐酒會劉佳豐　羅秀惠大使伉儷和全體館員及夫人們的合照

駐秘魯代表處慶祝雙十國慶餐酒會頌安　秀蘭和僑領們的合照

秘魯僑界在中華三民聯校熱烈歡迎到訪的僑務委員會章孝嚴委員長

秘魯華僑總會慶祝中華民國八十七年青年節舉行郊遊

我國駐秘魯劉佳豐代表在中三聯校和僑領合照

中南美洲臺灣商會第四屆年會在秘魯利馬舉行

和秘魯僑界摯友、好同事的合照

大專院校訪問團作親善訪問

鄧伯良兄嫂的午宴

旅秘魯摯友黃仲儒伉儷的邀宴

和秘魯利馬希爾頓酒店董事長摯友鄧伯良伉儷的合照

駐秘魯代表處吳進木大使伉儷的邀宴

旅秘魯好友聯誼會部分好友的餐會

旅秘魯好友聯誼會：友人在臺北每年的聯歡卡拉OK歡聚

假臺北天廚菜館歡迎由秘魯返臺友人的餐會

奉調返國僑團舉行聯合歡送晚宴

2001年1月14日奉調由駐秘魯代表處返抵臺北。2000年12月假利馬富臨門酒店僑界舉行歡送餐會和僑界友人合照

應邀至秘魯總統府作客

僑委會退休同仁和焦仁和委員長的餐敘

Do觀點65　PF0293

秘魯僑教三十年見聞

作　　者／袁頌安
策劃主編／財團法人興華文化交流發展基金會、世界華語文教育學會
責任編輯／石書豪
圖文排版／蔡忠翰
封面設計／王嵩賀

出版策劃／獨立作家
發 行 人／宋政坤
法律顧問／毛國樑　律師
製作發行／秀威資訊科技股份有限公司
地址：114 台北市內湖區瑞光路76巷65號1樓
電話：+886-2-2796-3638　傳真：+886-2-2796-1377
服務信箱：service@showwe.com.tw
展售門市／國家書店【松江門市】
地址：104 台北市中山區松江路209號1樓
電話：+886-2-2518-0207　傳真：+886-2-2518-0778
網路訂購／秀威網路書店：https://store.showwe.tw
國家網路書店：https://www.govbooks.com.tw

出版日期／2021年9月　BOD一版　**定價**／240元

讀者回函卡

秘魯僑教三十年見聞 / 袁頌安著. -- 一版. -- 臺北市 : 獨立作家, 2021.09
面； 公分. -- (Do 觀點 ; 65)
BOD版
ISBN 978-986-99368-6-6(平裝)

1.華僑教育 2.秘魯

529.3582 110007814

國家圖書館出版品預行編目